JN085149

イチから学ぶ
スタートアップ

―大学生の起業入門―

車川利雄・小野正人 ［著］

創 成 社

はじめに

　本書は「イチから学ぶ」シリーズの3冊目として，ベンチャービジネスの経営戦略について学ぶことを目的とした本になります。

　今日の日本ではベンチャービジネスが注目されています。大きな会社だけが企業ではありません。ベンチャービジネスのような新しい会社や，中小企業，あるいは社会的な活動を行うような非営利団体も含めた**広い範囲の企業経営を学ぶことが実社会で働く上でとても重要になっています。**

　さてそこで，ベンチャービジネスを立ち上げた時に成功させるためにどのような経営戦略をとるのがよいのか，これは多くの人が興味を持つところだと思います。それには，セオリーとか王道とかといったものがあるのか？　あるいは成功した企業の経営戦略には共通するものがあるのだろうか？　また経営学を学んだ人であれば，経営理論とベンチャービジネス各社の経営戦略の関係はどのように繋がるのかが気になる人もいるでしょう。

　まず前半については結論からいうと，『**どのベンチャービジネスにも当てはまる体系的な経営戦略**』はありません。業界によってはその業界のセオリーとか王道といわれるものもありますが，それも多くは時代とともに変化していきます。固執していると取り残されてしまう可能性もありますし，また効果が薄れてしまうこともあります。業界のセオリーが変わっていくのは，ある方式が見つかり，それが優れたものだと広まりセオリー化する一方で，時間が経つと常識化，マンネリ化してしまう。その時，その常識を突破したチャレンジャーが新たなサービスを提供して手付かずのブルーオーシャンマーケットを切り開き，アントレプレナーとなって大成功する。このような循環があるためです。そしてこのことが経営戦略の学習を難しくさせています。

　前半の2つ目のポイントは，『**現場レベルで生み出される経営戦略は無数にある**』ということです。経営戦略とは多くのベンチャー経営者が壁にぶつかった時にそれを乗り越えるために生み出されていくものです。会社が置かれた環

境も異なりますし，経営者によっても対応の仕方も異なってきます。したがって，同じ業種，似た環境であっても経営者によって打ち出す経営戦略は十人十色，百人百様で，まったく異なる可能性もあるのです。

　以上のように体系的にまとめることが難しいベンチャービジネスの経営戦略を学習するには，成功したベンチャービジネスの経営戦略の事例を数多く見ていくしかありません。**自分の頭の中に経営戦略の事例の引出しを持つことができると，実際の企業を見る場面でもだんだんと応用がきくようになります。**学生の皆さんは，100 社，200 社とまではいかないにしても，10 社でも 20 社でも成功したベンチャービジネスの経営戦略を頭の引出しにストックすることで，経営戦略とはどういうものかが見えて来るでしょう。実業界では「現場100 回」という言葉を使うケースがありますが，経営戦略の学習では一見遠回りのように見えますが，このような帰納的な学習が近道になるのです。

　後半の経営戦略と経営学で学習する経営理論との関係についてですが，経営理論は企業理念体系（本書 17 項）といわれる「経営理念 → 経営方針 → 経営戦略」でいう，経営戦略より上位に位置する概念に相当するものになります。現場で編み出された経営戦略からまとめられて経営理論となったものが多くあります。しかしこの経営理論の学習は，演繹的なアプローチで学習していくもので，経営戦略の学習法と異なります。以上の点を踏まえて本書の学習を進めて行ってください。

　皆さんは，ベンチャービジネスはどのようなモノなのか，どうやればきちんと学ぶことができるかという視点で読み始めたと思います。残念ながら 1 日でベンチャービジネスを理解することはできません。各地で活動するさまざまな新しい会社，面白いビジネスの具体的な姿を，読んで聞いて見て自分で考えてください。本書を通じてベンチャービジネスの理解が進み，皆さんの関心や問題意識がさらに具体的になることを期待しています。

　2024 年 3 月

車川利雄

小野正人

（本書では登場人物の敬称を略しております）

目　次

第 **6** 章　成功ベンチャーの企業マネジメント ―――――― 141

第1章

起業の学び方

　起業を学ぶにはいくつかのアプローチがあります。①経営戦略やマーケティングのような経営理論から考えていく理論的な手法，②事業の立ち上げ方，プランの作り方，経理の手法などの実務を中心に考える手法，あるいは③起業経験者による成功・失敗の体験談やノウハウを学ぶ手法や，④具体的なベンチャーの事例研究（ケーススタディ）を通じて1つの考えを構築する，という手法があります。このように起業は多様な視点から考えられていますが，本書は④の事例研究に重点を置いています。成功ベンチャーの事例を学び，頭の中の引出しにストックしておくことが大事と考えているからです。しかし1つの方法だけで起業が理解できるとはいえず，どのアプローチも欠かせません。

　皆さんが訪問した場所の入口で案内板を見るように，本章では起業をどのように把握して学んでいけば良いのか，まずは全体観をとらえてみましょう。

1 ベンチャー，スタートアップ，アントレプレナーシップ

　最初から横文字になりますが，最近は新しい事業という意味で，ベンチャービジネス，スタートアップ，アントレプレナーシップといった英語が登場することが多くなっています。数十年前の日本では使われていなかった言葉がたくさん出てくるということは，新しい事業を生み出すことの重要性が高まっていることを意味します。皆さんの中でも関心を持つ人は少なくないでしょう。

　日本では起業家が立ち上げた会社のことを**ベンチャービジネス**（venture business），あるいは**ベンチャー企業**，**ベンチャー**という言葉で表現しますが，3つとも同じ意味で用いられています。しかしベンチャービジネスやベンチャー企業は日本で作られた言葉（和製英語）です。英語圏では，新しく組織を設立して行う事業や会社をまとめて**スタートアップ**（startup）と総称し，「新しい技術やサービスによって高い成長を目指してリスクに挑戦する企業」をベンチャーと表現しています。したがってスタートアップは新しいビジネス全体を指していますが，ベンチャーはそれより狭い概念です。

　次に，**アントレプレナーシップ**（entrepreneurship）ですが，これは「新しい事業を生み出す活動全体」を表す言葉で，日本語では起業あるいは起業活動という言葉になります。また，みずから事業を起こして起業活動をしている人々のことを**アントレプレナー**（entrepreneur）と呼んでおり，日本語では起業家と表現します。これらの言葉はフランス語に由来する英語なので少し変わった発音になるのです。なお，以上で述べたベンチャー関連用語が表す領域を6ページの図表1−2で表示していますので参考にしてください。

■**大昔からあった「起業」**

　起業は現代だけの新しい活動ではありません。人類は，古代中世の交易，産業革命，工業化の発展，エレクトロニクス・コンピュータ時代，インターネッ

ト革命などの時代に，各地で**イノベーション**（第2章で後述）が起こり，色々な人々が新しい事業を起こし，その活動によって大きな経済価値が生まれています。現代から世界の歴史をさかのぼれば，私たちがなぜイノベーションとアントレプレナーシップを重視しなければならないかが見えてきます。

■古代ギリシア

都市国家が勃興した地中海の古代ギリシアやフェニキアでは，海上貿易によって文物を取引していましたが，これは当時の世界では新しい事業活動＝アントレプレナーシップです。食糧を輸入しなければならないギリシアの都市国家は，他国と争いながらエジプトや小アジア（現在のトルコ）から穀物を運んでいましたが，やがて南イタリアやアフリカに植民地を建設するようになりました。海を使って新しい都市と文明を発展させたのです。

■中世の地中海貿易

古代以降に貿易活動の中でいろいろな取引が生まれ，これが現代の法律や会社につながっていきます。たとえば，新しく貿易で事業を行う仕組みは中世イタリアで**組合**という契約に発展し，仕事の分担だけでなく利益や損失の義務や権利を決められました。また，貿易で使う船を1人ではなく共同で所有するような取り決めが発明され，「成功したら山分け，失敗したら共同で損失を分担」することで貿易のリスクを少なくする仕組みを生み出しています。

■株式会社

このような組合が**株式会社**に発展します。組合という一時的に金を出しあう組織ではなく，会社という従業員を持った継続的な集団が生まれたのです。オランダの商人は1602年に国王に請願してオランダ東インド会社を設立しましたが，東インド会社は数百人の商人たちから資金を集めて株式を発行し，持株に応じて利益が配分される取り決めで運営されました。出資したお金は10年間固定され，また出資者は出資金のリスク以外の責任は負わないという**有限責任**が規定されており，この東インド会社が現代の株式会社の起源となりました。

2 起業活動はなぜ重要か

　起業活動（アントレプレナーシップ）は，現代において重要なファクターです。世界中の製品やサービスにイノベーションと改善をもたらし，より効率的で入手しやすく効果的なものにしています。しかしそれをうまく利用できるかどうかは，結局は私たちが学び理解することにかかっています。

■ベンチャーだけが起業活動ではない

　現在，地方をみると少子化・高齢化や過疎化によって沈滞しています。地方都市の商店街はシャッター通りと化し，働き手の若者がいません。大企業は海外に現地生産を進めたため，地方に工場がなくなって空洞化が進んでいます。沈滞を打開しようと，県や市町村や地方の人々は，新しい地場産品，海外観光客やプロスポーツの誘致，あるいはB級グルメの新商品を作ろうとしたり，さまざまな地域振興策を推進しています。これらはいずれも新しい事業の取り組みであり，起業活動の1つの姿です。また，家族経営の時計店や菓子店の後継者が受け継いだお店をEコマースによって先代の経営者とは違う経営モデルで発展させようとしたり，あるいはサラリーマンをリタイアした技術者が自分たちの技術や人脈を活用して新しい会社を作るような事例も増えています。

　ということは，今日は企業だけでなく，国や自治体や地方の人々もシニア層も新しい起業活動を企てる機会が広がっている時代であり，誰もが**起業を幅広い視点から学んでいくことが重要**なのです。

■起業活動の学び方
①対象が具体的な「現実の活動」

　では，どのように起業活動を学んでいけばよいか？　歴史や国語の授業の内容とは違って，起業活動は人間が実際に作り出す新しい事業や企業，製品，

サービスであり，それを人間が集まって会社という組織を作って運営する活動
です。

②多面的な要素からなる実践的学問

　また，起業は少数の人間だけで行っている活動ではなく，多種多様な要素に
影響されます。たとえば，顧客や他の企業はもちろん，経済や金融，法律，政
治，社会，文化などの要素が活動に影響し作用しています。**起業はこれらの要
素が結びつき，おたがいに作用しあい，企画し活動し成果をあげていくシステム**
です。起業は成果を追求する人々の現実の活動ですから，何よりも大事なこ
とは（理論や主張ではなく）具体的なビジネスの成否です。

　つまり，起業とは学習ではなく行動です。皆さんは，世の中の人々がどのよ
うに起業を目指しているのか，どのように起業のきっかけをつかんでいるのか
を過去の例を見て学んでください。そして，起業活動や，そのプロセス，ある
いは起業家を理解し知識と経験を増やしてください。卒業して実社会に出た後
に，起業するチャンスやベンチャービジネスで働く機会に出会うかもしれませ
ん。起業を学校で学ぶということは，将来の起業あるいはそれに類する環境を
見すえた学習期間です（図表1-1）。先に述べたように，多くの人々が企業活
動に関わっている時代です。起業を学びながら自分自身で起業を主体的に考え
てほしいと思います。

図表1-1　起業活動と学習の関係

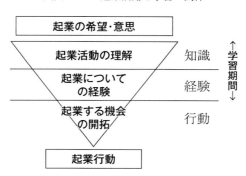

図表1−2　ベンチャー関連用語が表す領域

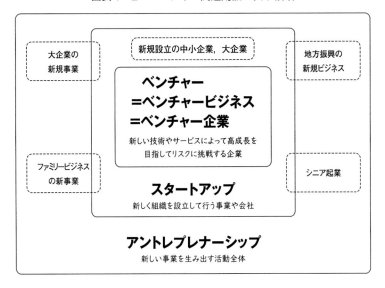

イノベーションと経営理論

　成功したベンチャー企業は，その業界で何らかのイノベーションを起こしたイノベーターといわれる企業がたくさんあります。第3章以降では，そうしたイノベーターが編み出した経営戦略を学習していきます。

　まず本章では，その学習にあたって前提となる知識を学習しておきます。1つはイノベーションに関するもので，その歴史や基礎理論です。もう1つは基本的な経営理論です。

　この2つの基本を押さえて身に着けておくことで，次章以降で学習する具体的な事例企業の経営戦略を理解する軸ができます。

3 イノベーションの歴史①： 産業革命

　本書では，第3章以降でさまざまな成功ベンチャー企業の経営戦略を学習していきますが，その理解促進には近年のイノベーションの流れを押さえておくことが重要であるため，まず本章では産業革命の変遷を復習しておきます。各産業革命の時期には，関連ベンチャー企業が多く誕生するベンチャーブームが起こりました。

■第1次産業革命

　18世紀後半，イギリスで蒸気機関が発明され産業革命が始まりました。この蒸気機関の発明で，これを動力源とする紡績などの軽工業の経済が発展し，工場制機械工業時代の幕開けとなりました。第1次産業革命を代表する製品としては，この蒸気を利用した蒸気機関車，紡織機が登場し，19世紀半ばには水運，鉄道，製鉄，機械など新しい産業が生まれました。

■第2次産業革命

　19世紀後半〜20世紀初頭，石油や電気の使用・活用が始まり，アメリカではエジソンが電球を発明しました。また20世紀初頭には電気・石油を新たな動力源とする重工業の経済が発展しました。1908年にT型フォードが発売されると，馬車から自動車へ急速なシフトが進み，事業として自動車産業が興り，その後トラックを用いた物流網が発展し，大量生産・大量輸送，大量消費の時代が到来しました。第2次産業革命を代表する製品にはフォードのT型自動車，モーター（発電機），電話などがあります。

■第3次産業革命

　1940年代にアメリカでコンピュータやトランジスタ・半導体などの電子技

術が発明され，デジタル時代の幕開けとなりました。大型コンピュータが開発され，工場ではロボット技術の発展により，FA（ファクトリーオートメーション）等で生産ラインの自動化が進み，エレクトロニクス産業の興隆により，労働生産性・賃金・経済規模が飛躍的に拡大しました。また半導体の発明により大型コンピュータからパソコン時代に移行し，その後インターネットが開発され，社会にも浸透し始め，デジタル社会が到来しました。

■第 4 次産業革命

　PC・半導体の性能向上および通信環境の高速化などが整備され，デジタル社会が浸透してきました。さまざまなものがネットを使って E コマースで購入できるようになり，デジタル通貨の浸透も相まって，人々の購買行動が大きく変化しました。工場現場ではあらゆるものがインターネットに繋がる IoT（Internet of Things：物のインターネット）時代が到来し，生産現場での革新が起こりました。また AI（人工知能）技術の進展で，自動運転車への応用や，ChatGTP などの生成系 AI の登場など，社会の大きな変革が一層進展しています。現在は，このように第 4 次産業革命の最中にあるといわれていますが，その定義についてはまだ定説はありません（以上，「平成 29 年版情報通信白書」をベースに加筆）。

図表 2－1　各産業革命の特徴

第 1 次 産業革命	第 2 次 産業革命	第 3 次 産業革命	第 4 次 産業革命
18～19 世紀初頭 蒸気機関，紡績機 など軽工業の機械 化	19 世紀後半 石油，電力，重化 学工業	20 世紀後半 インターネットの 出現，ICT の急速 な普及	21 世紀 極端な自動化，コ ネクティビティに よる産業革新

出所：平成 29 年版情報通信白書[1]

4 イノベーションの歴史②：日本のベンチャーブームの変遷

　前項の産業革命の歴史に対して，「日本のベンチャー設立ブーム」の流れとしては，一般的には下記の 5 つの山があったとするのが通説になっています。

■第 1 次創業の波 （明治時代）

　この時期は，明治維新を経て日本が近代国家としての道を歩み始めた時代です。日本を代表する歴史的起業家である渋澤栄一や三菱グループの創始者である岩崎彌太郎など近代日本の経済基盤を作った有名な大物起業家が多数登場しました。

■第 2 次創業の波 （大正～第 2 次世界大戦直後）

　この時期は，大正から第 2 次世界大戦後の焼け野原から復興を遂げるまでの時代で，現在の日本を代表する世界的有名企業が続々と誕生しました。また戦後になると独立系のベンチャー企業も数多く出現しました。

　この時期に誕生した企業としては，戦前では，トヨタ自動車工業（創業者：豊田喜一郎），日産自動車（鮎川義介），松下電器産業（現：パナソニックホールディングス，松下幸之助），日立製作所（小平浪平），ブリヂストン（石橋正二郎）などがあり，戦後では，ソニー（井深大，盛田昭夫），ホンダ自動車（本田宗一郎），調味料の味の素（鈴木三郎助），カップヌードルの日清食品（安藤百福），家庭用血圧計のオムロン（立石一真），家庭用ゲームの任天堂（山内溥）などがあります。

■第 1 次ベンチャーブーム （1960 年代後半～1970 年代前半）

　この時代はいざなぎ景気といわれた高度経済成長期で，池田内閣による国民所得倍増計画や田中角栄による日本列島改造政策に加え，東京オリンピックや大阪万博などの特需もあり，1968 年には国民総生産（GNP）が世界第 2 位まで

急成長しました。

　この時期に誕生した企業には，日本マクドナルド（藤田田），セコム（飯田亮），ニトリ（似鳥昭雄），ゲーム大手のコナミ（上月景正），センサー・計測器のキーエンス（滝崎武光），精密小型モーターの日本電産（永守重信），ファミレスのすかいらーく（横川竟），などがあります。

■第 2 次ベンチャーブーム（1970 年代後半〜1985 年頃まで）

　この時期も高度経済成長時代が続き，第 3 次産業である流通・サービス業が急成長しました。この時期に誕生した企業としては，ソフトバンク（孫正義），人材派遣のパソナ（南部靖之），格安航空券販売・ツアー旅行の H.I.S.（澤田秀雄），CD レンタル TSUTAYA のカルチュア・コンビニエンス・クラブ（増田宗昭），ゲームソフトのエニックス（福嶋康博），同じくスクエア（宮本雅史），家電量販店のビックカメラ（新井隆二）などがあります。いわゆるカテゴリーキラーと呼ばれたロードサイドベンチャーもこの時期に多数登場しました。なおこのベンチャーブームは 1985 年のプラザ合意に端を発した円高不況で終焉を迎えます。ちなみに米ではこの時期にマイクロソフト，Apple が創業しています。

■第 3 次ベンチャーブーム（1990 年代中頃〜2000 年代前半）

　この時期になると，バブルが崩壊し，いわゆる失われた 30 年といわれた平成不況時代に突入しましたが，一方で PC とインターネットの登場で，IT 産業が著しく発展していきました。この時期に登場した企業としては，ヤフージャパン（孫正義），楽天（三木谷浩史），サイバーエージェント（藤田晋），GMO（熊谷正寿），DeNA（南場智子），DMM. com（亀山敬司），LINE，ぐるなび（滝久雄），ZOZO 運営のスタートトゥデイ（前澤友作），ソーシャルゲームのガンホー（孫泰藏），SNS のミクシィ（笠原健治）などがあります。

　なお，現在進行中といわれる第 4 次産業革命関連では，IoT 系，AI 系，ロボティクス系ベンチャーや，さらに宇宙系ベンチャー，創薬バイオ系ベンチャーなどの多彩で本格的ベンチャーの設立が活発になっています。

⑤ シュンペーターの イノベーション理論

　本項と第7項では，イノベーションについての代表的理論を学習します。まず最初はシュンペーターです。

■イノベーションとは

　さて「イノベーション」という言葉ですが，どのように理解されているでしょうか？　日本では一般的には「イノベーション＝技術革新」として使われているケースが多く見られます。

　これに対して，イノベーションには5つの種類があると唱えた人がいます。それは今から100年以上前のオーストラリアの経済学者シュンペーター（1883年〜1950年）です。同氏は「イノベーションには，①**新たな製品開発**のイノベーション（プロダクト・イノベーション），②**新たな生産方式**のイノベーション（プロセス・イノベーション），③**新たな市場発掘**のイノベーション（マーケティング・イノベーション），④**新たな資源獲得**のイノベーション（サプライチェーン・イノベーション），⑤**新たな組織開発**のイノベーション（オーガニゼーション・イノベーション），の5種類がある」と唱えました。

　日本で「イノベーション＝技術革新」が定着したのは，1958年の経済白書で，イノベーションを技術革新と訳したことが発端になったといわれています。確かに，これは当時，戦後日本の復興期のテーマであった「技術立国ニッポン」ともイメージが重なり，巷間すっかり定着したと思われます。

　しかし，この定義はシュンペーターの分類でいうと「①新たな製品開発」だけになります。ちなみにこれまで日本で起こったさまざまなイノベーションを，上記シュンペーターの5つの類型に当てはめると次のように事例を上げることができます。

　①製品開発面：これは「イノベーション＝技術革新」に該当する部分で多数

②生産方式面：トヨタの JIT 方式（米フォードのベルトコンベア方式に対抗）

③市場発掘面：ベビー用紙おむつからシニア用市場へ展開

④資源獲得面：エネルギーの水力・火力から風力・バイオマス発電

⑤組織開発面：自動販売機，無人店舗販売（ex.雪松餃子）

　こうしてみると，イノベーションとはシュンペーターの分類に拠った方がさまざまな事例を上手く整理することができると思われます。

■創造的破壊の "非連続性"

　シュンペーターのイノベーション理論でもう１つ重要な点は，「**画期的な創造的破壊並みのイノベーションは非連続的に現れる**」と指摘したところです。同氏はこの非連続性には２種類あり，１つは**軌道の変更**であり，もう１つは**発展担当者の交代**であるとし，これを当時の創造的破壊であった鉄道を例に挙げ説明しました。

　鉄道はそれまでの移動手段（輸送手段）であった郵便馬車にとって代わって生まれ，しばらくは新旧併存したものの，その後鉄道が圧勝し，郵便馬車は姿を消していきました。この事例を，まずは移動（輸送）手段を軸にして見ると，「郵便馬車から鉄道へ」とまったく新しい手段に代わっていて，これが上記１つ目の非連続性である「軌道の変更」となります。

　次に事業者を軸に見ると，既存の郵便馬車の事業者が新しい鉄道を発明してその事業者になったかというと，そうはならなかった。つまり「古い産業のリーダーは新しいイノベーションの担い手にはならなかった」ということで，ここから事業者が郵便馬車事業者から鉄道事業者へと新しく代わったことがわかります。この事業者の交代が２つ目の「発展担当者の交代」となります。この現象は他の創造的破壊の事例でも多くみられます（→ 次項）。

　このように創造的破壊による新しい技術やアイデア，ビジネスモデルが，既存の産業や市場を破壊し，新たな産業や市場を生み出して産業を進化させるとシュンペーターは指摘しました。

　以上がシュンペーターによる非連続性の説明ですが，これは後述のクリステンセンによりさらに深掘りされていくことになります（第７項参照）。

6 （補講）「創造的破壊の非連続性」事例

　前項「創造的破壊の非連続性」の事例は数多くありますが，その一部には次のようなものがあります。

(1)　「郵便馬車」→「鉄道」

　①　**移動手段の交代（＝軌道の変更）**

　　　旧事業：馬力　→　新事業：蒸気

　②　**事業者の交代（＝発展担当者の交代）**

　　　旧事業者：郵便馬車事業者　→　新事業者：鉄道事業者

　　　旧事業者と新事業者は別なので非連続。

(2)　「電報」→「電話」

　①　**通信手段の交代（＝軌道の変更）**

　　　旧事業：電報　→　新事業：電話

　②　**事業者の交代（＝発展担当者の交代）**

　　　旧事業者：電報の事業者（ウエスタン・ユニオン社）

　　　　→　新事業者：電話の事業者（ベル電話会社，現在のAT＆T）

　　　旧事業者と新事業者は別なので非連続。

　　（注）• 従来の電報事業者であったウエスタン・ユニオン社（WU社）は電話が登場した時にすでに全米に電線を張り巡らせ，電報サービスを確立していた。ベルはWU社であれば，電話事業を立ち上げてくれるだろうと買収を打診するも，WU社はその提案を断り，せっかくのチャンスを棒に振ったがその後急速に失速した（→ 7項参照）。

⑶ 「ロールフィルム式」→「デジカメ」

　① **写真の交代（＝軌道の変更）**

　　旧事業：ロールフィルム → 新事業：デジカメ

　② **事業者の交代（＝発展担当者の交代）**

　　旧事業者：ロールフィルムの事業者（コダック）

　　　　→ 新事業者：デジカメの事業者（カシオ）

　　旧事業者と新事業者は別なので非連続。

　　（注）• 乾式フィルムの王者のコダックは，約100年もの間，市場に君臨
　　　　　したが，デジタル時代の到来に追随できなかった。デジカメを最
　　　　　初に作ったのは当時電卓メーカーであったカシオで，同社はカメ
　　　　　ラメーカーではなく異業種からの参入であった。

　　　　　• コダックはデジカメの登場を様子見しているうちに，世の中が急
　　　　　速にデジカメに移行してしまい，切り替えのタイミングを逸して
　　　　　失速し，遂には倒産に至った。

⑷ 「ガラ携」→「スマホ」

　① **携帯電話の交代（＝軌道の変更）**

　　旧事業：あくまで通話が主体 → 新事業：PCの小型版（電話以外のネッ
　　ト機能が豊富）

　② **事業者の交代（＝発展担当者の交代）**

　　旧事業者：ガラ携事業者（ドコモほか多くの日本の家電メーカー）

　　　　→ 新事業者：スマホ事業者（Apple の iPhone 等）

　　旧事業者と新事業者は別なので非連続。

　　（注）• 当時，NTT ドコモほか日本メーカーがガラ携（ガラパゴス携帯，
　　　　　フィーチャーフォン）の機能向上で世界をリードしていた。そこ
　　　　　に，PC メーカーであった Apple が，パソコンメーカーの発想で
　　　　　ネット機能が主体のスマートフォンを作った。これも異業種から
　　　　　の参入であった。その後，日本の家電メーカー各社は瞬く間に携
　　　　　帯電話業界の主役の座から転落した。

7 クリステンセンの イノベーション理論

第6項に続き，本項はクリステンセンのイノベーション理論です。

■クリステンセン（1952年〜2020年）のイノベーション理論

イノベーション研究の第一人者である元ハーバードビジネススクールのクリステンセン教授は，先のシュンペーターの理論のもとになった「画期的な創造的破壊のイノベーション」の概念をさらに発展させて，**破壊的イノベーション**と**持続的イノベーション**という2対の概念を生み出しました。

破壊的イノベーションとは既存にない画期的な商品を開発するイノベーションをいい，**持続的イノベーション**とは既存の道具・商品を改良するイノベーションをいいます。

次に，破壊的イノベーションは**新市場型イノベーション**と**ローエンド破壊型イノベーション**の2つに分かれ，「新市場型イノベーション」はこれまで製品やサービスをまったく使っていなかった顧客にアピールするイノベーションであるとし，「ローエンド破壊型イノベーション」は既存製品の性能が過剰なまでに進歩し，一般消費者が求める水準を超えてしまったためにできたローエンドの空白地帯をターゲットとするイノベーションであるとしました。

新市場型イノベーションの事例としては，「大型コンピュータに対して誕生したパーソナルコンピュータ（Apple）」，「大型ラジオに対して誕生した携帯型ラジオ（ソニー）」，「ゲームセンターの業務用ゲームに対して誕生した画期的な家庭用ファミコン（任天堂）」などが該当します。

ローエンド破壊型イノベーションの事例としては，電気ケトルの「ティファール」が挙げられます。それまでの電気湯沸かしポットが，最初は湯沸かし機能だけだったところから，それに保温機能が付き，電動ポンプでお湯を注ぐ機能，さらにカルキ抜き機能，湯沸かし温度・保温温度の複数段階設定機

能，高齢者の見守り機能などと次々に機能を増やしてフル装備化しました。そして価格も1万円を超え高額になった時に，ティファールはローエンドに出来た空白地帯（単機能・低価格）を攻め，短時間でお湯を沸かすだけの機能に特化した低価格商品を投入して大ヒットさせました。

　一方，持続的イノベーションの事例は，電気湯沸かしポットのような付属機能が徐々に向上していくようなイノベーションで，他にもエアコン・冷蔵庫・洗濯機・炊飯器などの家電製品で見られました。

■「発展担当者の変更」が起こる理由の解明 → イノベーションのジレンマ

　シュンペーターが指摘した「イノベーションの非連続性」について，同氏はこれが起きる原因までは言及していませんでしたが，クリステンセンはこの原因を究明し，**イノベーションのジレンマ理論**を提唱しました。

　破壊的イノベーションである製品は，その本質である画期的な仕組みに関わらず，多くのケースでその初期バージョンは，従来製品よりいったん性能が落ちるところからスタートします。この一時的な状況を見て，それまでの業界リーダーはこれを大したものではないと見下し放置してしまうのです。なぜなら，業界リーダーとなった企業は，顧客の声に鋭敏に耳を傾け，顧客の要望に応えるよう積極的に技術，製品を継続開発することで地位を守ろうとするため，性能が落ちる新製品に対しては，顧客ニーズを満足させられないとして，その本質を確かめずに見逃してしまうからです。ところが画期的な新製品は，その後一気に性能を上げて，従来製品を圧倒的に上回る性能を発揮します。そして消費者の大きな支持を得て業界を制覇し，新しい業界のリーダーとなります（＝**発展担当者の変更**）。クリステンセンはこうしてイノベーションの非連続が起こることを解明し，既存覇者が陥る行動を**イノベーションのジレンマ**と名付けました。

　また，旧既存覇者は，新製品が破壊的技術でありその将来性が高いと気付いても，それに移行することは，自身が築いてきた旧規格の製品（および製造体制）を自ら潰すことになるため**カニバリズム（共食い）状態**が発生し，身動きが取れなくなる状況に陥ってしまいます。これも「イノベーションのジレンマ」からくる行動であると説明しています。

8 （補講） 現状維持バイアス

■「イノベーションのジレンマ」の心理的背景の解明 → 現状維持バイアス

前項のクリステンセンが解明した，旧業界覇者が画期的新商品の登場に対してとる「イノベーションのジレンマ」という行動に関して，その心理学的背景を研究したものに，行動経済学分野のカーネマンとトヴェルスキーの**現状維持バイアス**の研究があります。

現状維持バイアスとは，誰もが陥る心理状態で，いつもの慣れ親しんだ環境・状態に安心感を抱き，これが変わるような新しい変化については避けようとするバイアス（考えの偏り）のことをいいます。例えば，「いつも使っている商品を買い続ける」，「買い物に行く店はいつも大体決まっている」，「会社に行く時に毎日大体同じ道を通って，同じ電車に乗る」，などの心理状態をいいます。これはさらに次の2つの深層心理から起こると指摘しています。

① プロスペクト理論（損失回避バイアス）

行動心理学の出発点となった理論に「プロスペクト理論」があります。プロスペクトとは「予想」「見通し」ですが，これは将来を予想した時に，利益よりも損失の方に敏感であるという研究です。例えば，同じ10万円でも，10万円を儲けた時の喜びと，10万円を損した時の悲しみを比較すると，損した時の悲しみの方が強く感じるというものです。両氏の研究で，その程度は損失の方が2〜4倍強く受け止められることがわかり，このことから将来的に「利益か損失のいずれか」が見込まれる時に，損失を避けようとする心理の方が強く働いて，損失回避の行動をとることを明らかにしました。これを**プロスペクト理論（損失回避バイアス）**といいます。

この理論によると，シュンペーターのいう創造的破壊や，クリステンセンのいう破壊的イノベーションに遭遇した時に，業界のリーダーは，従来の事業から新ビジネスに切り替えた時に得られるかもしれない利益と，旧ビジネスを放

棄した時に失うかもしれない損失を天秤にかけ，損失を回避する方向に行動しやすくなります。これはクリステンセンが指摘したように「破壊的イノベーションである製品が世の中に最初に登場した時には，一時的には旧製品より性能が劣る」のが通例なことから，そのことだけに目を奪われて新製品を採用することによる損失を回避する方向にバイアスがかかってしまい，将来性を検証することを軽んじる行動をとることになってしまいます。

② 保有効果

「保有効果」とは，自分が保有しているものに愛着を感じて捨てられないという心理状態をいいます。従来の商品に対してそれを覆す機能を持つ別の商品が出てきても，従来の商品に愛着を感じてなかなか乗り換えられず，新製品に移ることを避けようとする意識が働きます。

＜事例＞　「イノベーションのジレンマ」および「現状維持バイアス」の事例

① 1876 年，米国のベルが電話を発明した時に，当時全米最大の電報会社で，ニューヨークとサンフランシスコの間の約 4,000 キロを結ぶサービスを展開していたウエスタン・ユニオン社にその特許の買収と事業の立ち上げを打診した。しかし同社はベルの電話の伝送可能距離が最初はわずか数キロしかなかったことから伝達手段としては著しく低く，「おもちゃ以外の何物でもない」とこき下ろし買収提案を断った。しかし電話はその後，飛躍的に性能が向上し，一気に普及。わずか 4 年後の 1880 年には全米で 6 万台が設置され，人口 1 万人以上のすべての都市に電話が開通するまでに至った。電話の普及で電報の利用は激減し，同社はその後瞬く間に没落した。

② ソニーが世界で最初にトランジスタラジオを作った時に，従来の真空管ラジオのメーカーは「トランジスタラジオは性能が低く，一世代前の鉱石ラジオに毛が生えたようなもの」と酷評したが，その後一気に逆転された。

③ 2008 年，Apple が日本で iPhone の代理店を探している時に，NTT ドコモの担当者は「日本の高性能な携帯電話に比べると，できないことばかりでまるでおもちゃだ」と酷評したが，その後すぐさま逆転された。

⑨ マッカーシーの 4P 戦略

　本章から代表的な経営戦略理論を学習していきます。まずは**マッカーシーの 4P戦略**です。これは３つの経営資源（ヒト，モノ，カネ）各々のマネジメント戦略である「人事戦略，販売戦略，財務戦略」のうち，販売戦略についての理論になります（→ 人事戦略，財務戦略については第６章参照）。アメリカのマーケティング学者ジェロム・マッカーシー（1928年〜2015年）は，1960年に販売戦略を次の４つの戦略要素に分けました。

1. 「Product 戦略」（製品戦略）…何を売るか？
2. 「Price 戦略」（価格戦略）…いくらで売るか
3. 「Place 戦略」（流通戦略・チャネル戦略）…どこでどう売るか？
4. 「Promotion 戦略」（販売促進戦略）…どうやって PR するか？

　「4P戦略」論は，上記の頭文字（４つのP）をとった名前ですが，経営戦略が取り組む対象を整理しやすい理論であり，今日多くの場面で使われています。

1．Product 戦略（製品戦略）

　「誰に，何を」売るのかの部分です。"誰に"とは，販売対象市場＝ターゲット市場のことで，例えば衣料業界でいうと，男性向けか女性向けか，年代は若者向けか，シニア層向けか，などとなります。"何を"は，カジュアルウェアか，フォーマルウェアか，作業服かなどです。なおこの誰に何を売るのかは，「マーケットのセグメント化戦略」（＝STP戦略）ともいわれます（例：赤ちゃん，児童をターゲットにした衣料販売店＝西松屋）。

2．Price 戦略（価格戦略）

　価格戦略は，まず伝統的価格設定方法として製造業での**コストプラス法**，流通業での**マークアップ法（値入法）**が基本になりますが，その応用である政策的価格として次のようなものがあります。①新製品販売時価格戦略 ⇒ ｜初期

低価格」(市場浸透価格),「初期高価格」(上澄み吸収価格)。②製品ミックス価格
戦略 ⇒「キャプティブ価格」(プリンターなどで見られるように,本体価格を安くし
消耗品を高くする),「バンドリング価格」(本体と付属品を同時にセット販売するこ
とで合計価格を安く設定する)。③心理的価格戦略 ⇒「端数価格」(980 円,1,980
円など),「慣習価格」(自動販売機の飲料は 100 円など),「名声価格」(高級品の価
格),「プライスライン」(メガネ店のフレーム＋レンズセット価格で 1 万円コース,2
万円コース,3 万円コースなど),「松・竹・梅価格」(うな丼の並,上,特上),④低
価格戦略 ⇒「ロスリーダー価格」(特売品),「ハイ＆ロープライシング」(特
売,通常価格を繰り返す),「エブリデイロープライス政策」(毎日低価格) など。

3. Place 戦略 (流通戦略, チャネル戦略)

　製品を販売する形態として,①代理店を使う「代理店販売方式」,②卸会社
を使う「卸売方式」,③自ら販売する「直接販売方式」(直販) があります。

　直販以外の場合,どのルートに商品を流すかで,①「開放的チャネル政策」
(＝制限せずすべての店で扱ってもらう),②「排他的(閉鎖的) チャネル政策」(＝
販売店を限定する。自動車,高級ブランド品など),③「選択的チャネル政策」(①
②の中間方式) があります。

　さらに,商品の輸送戦略 (ロジスティック戦略) として,「専用配送,共同配
送,混載配送,多頻度小口配送,自社配送網,コールドチェーン,サードパー
ティロジスティクス」などがあります。

　流通経路については従来の慣習的商流の他,「契約農家からの産地直送」が
あります。また流通経路をトレースする「トレーサビリティ」があります。

　最後の販売形態としては通信販売,訪問販売,無店舗販売などがあります。

4. Promotion 戦略 (販売促進戦略)

　広告にはチラシ・新聞,ネット広告,TV,パブリシティなど,店内広告に
は POP 広告,宣伝効果音楽など,リピーター獲得策にはポイント制,会員
カードなどがあります。

10 ディーンの製品ライフサイクル

新製品が市場に登場したあとの売れ行きの推移を研究したものに，**製品ライフサイクル**（PLC: Product Life-Cycle Management）があります。これは人の一生（＝ライフサイクル）のように商品の一生を「市場投入した直後の時期」，「市場の認知も高まり売上が上がっていく時期」，「評判が高まり売上がピークになる時期」，「人気が陰り売上が落ちていく時期」の4期に分けて考えるものです。

この理論は，1950年にジョエル・ディーン（1906年〜1979年）が提唱したもので，ディーンはPLC理論で製品の各段階を次のように命名・定義しました。

①導入期：新製品が市場に投入され売上が立ち始める時期

②成長期：市場に徐々に普及し売上が伸びていく時期

③成熟期：市場普及がピークとなり，売上も高水準で安定する時期

④衰退期：後発品の登場で製品の魅力が徐々に薄れ売上高が減少していく時期

■製品ライフサイクル各段階の販売戦略

そしてPLC理論では商品のライフサイクルの各段階ごとに，それぞれ適切なマーケティング戦略が変わっていくとしています。

①導入期：市場拡大戦略，市場認知戦略

②成長期：市場浸透戦略，シェア拡大戦略

③成熟期：シェア維持戦略，シェア防衛戦略

④衰退期：生産性確保戦略，生産性改善戦略

■実際は多様な PLC カーブ

実際には，このPLCのカーブは商品ごとにさまざまな形状になります。例えば，導入期，成長期の途中で終わってしまうものや，成熟期が非常に長く続くもの，また成熟期が長く続き，敵なしの状況だったのが突然の強力なライバ

ル製品の登場でいきなり急落するものなどです。このように，その商品の
PLC カーブ上の位置付けや競合商品の状況を確認して，それに相応しい適切
な戦略を採用していくことが重要になります。

＜事例＞

➤ 成熟期の短いもの＝トレンド商品「タピオカドリンク」

➤ 成熟期の長いもの＝定番，ロングセラー，息の長い商品

「森永ミルクキャラメル／発売 1899 年（明治 32 年），「グリコ／ 1922 年（大
正 11 年）」，「明治ミルクチョコレート／ 1926 年（大正 15 年）」，「明治マーブ
ルチョコレート／ 1961 年（昭和 36 年）」，「ハウスバーモントカレー／ 1963
年（昭和 38 年）」，「永谷園お茶漬け海苔／ 1953 年（昭和 27 年）」など。

➤ 成熟期まで行った商品のその後に取る戦略には次のようなものもある

①販売好調期…「既存製品を継続投入」戦略

②販売鈍化期…「既存製品の改良版（マイナーチェンジ）を投入」戦略

③販売低下期…「新製品（フルモデルチェンジ）を投入」戦略

図表2－2　製品ライフサイクル（PLC）

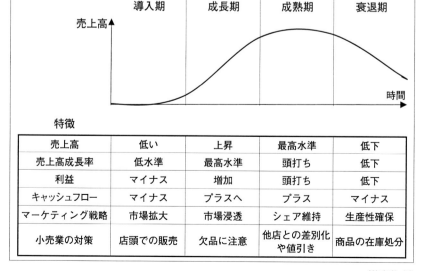

特徴				
	導入期	成長期	成熟期	衰退期
売上高	低い	上昇	最高水準	低下
売上高成長率	低水準	最高水準	頭打ち	低下
利益	マイナス	増加	頭打ち	低下
キャッシュフロー	マイナス	プラスへ	プラス	マイナス
マーケティング戦略	市場拡大	市場浸透	シェア維持	生産性確保
小売業の対策	店頭での販売	欠品に注意	他店との差別化や値引き	商品の在庫処分

（筆者作成）

11 コトラーの競争地位戦略

　企業の成長戦略を研究したものに，アメリカの経営学者で「現代マーケティングの父」といわれているフィリップ・コトラー（1931年〜）の**競争地位の戦略**があります。これは会社の成長戦略は，業界内での相対的位置付けにより取るべき戦略が変わってくるとしたものです。

　コトラーは，同じ業界内に競合会社が複数存在し，その会社の間で業界内の順位が決まっている状況においては，その順位に応じて取るべき相応しい経営戦略があるとしました。

　コトラーは，まずそれぞれの企業が置かれている業界内の位置付けを次の4段階に区分しました。

　①リーダー：業界トップの会社

　②チャレンジャー：業界トップに挑む2位の会社

　③フォロワー：3位以下のグループの会社

　④ニッチャー：業界内順位は低いが独自のノウハウを持っている会社

　そしてそれぞれの企業がとるべき戦略の定石を次のように提唱しました。

■リーダーの戦略

　リーダーとは「市場シェアがトップの企業」である。業界リーダーは，価格決定，新製品の導入，販売促進などで市場をリードする立場にある。「規模の経済」が最も効率的に働くポジションにあり，市場規模が拡大する時に最も利益を享受することができる。そのため，リーダーは市場規模の拡大，最大市場シェアの維持・拡大，最大利潤の追求，名声・No.1の地位の維持を目標とした行動をとる。ターゲットとしては，「全方位・フルカバー」で，具体的戦略は以下の4つになる。

① 「市場拡大戦略」：市場そのものを大きくすることで，最大の市場シェアを有するリーダーは最も恩恵を受けることができる。

② 「同質化戦略」：下位のチャレンジャーを意識し，チャレンジャーの差別化戦略の対策として，相対的に優位な経営資源で模倣・追随して，その差別化戦略を無効にする戦略をとる。

③ 「非価格戦略」：価格競争に陥ると最も損失が大きくなるのはリーダーである。そのため競合他社の低価格戦略には簡単に乗らないような戦略をとる。

④ 「最適シェアの維持戦略」：一定以上のシェアを獲得しても独占禁止法に抵触する恐れや，多大なコストがかかるなど，必ずしも利益が向上しない場合もある。そのためリーダーは最適なシェアを維持しようとする。

■チャレンジャーの戦略

チャレンジャーは，リーダーへの挑戦が基本的戦略の 1 つであり，リーダーができないことを行う「差別化戦略」を取ることによって，業界トップを狙う。(事例：かつてビール業界 2 位だったアサヒビールは「辛口ビール」という差別化商品がヒットし，キリンビールを抜き業界トップになった)

■フォロワーの戦略

リーダーに挑戦せず，チャレンジャーの取り残しを狙いながら，市場での地位を確立していき，上位企業に対して「模倣戦略」や「低価格化戦略」をとる。

■ニッチャーの戦略

ニッチャーは，リーダーが狙わない隙間市場（ニッチマーケット）など特定市場においてミニリーダーを目指し，「特定市場での集中戦略」をとる。(事例：自動車業界においてスズキは，軽自動車を主戦場にしている)

12 ポーターの競争戦略

　ハーバード大学のマイケル・ポーター教授（1947年〜）は「経営戦略論の第一人者」といわれる代表的な経営学者です。企業を取り巻く外部環境を分析・把握し，それに企業の基本的な経営の方向性をマッチングすることで，企業の取るべき戦略を決めていくべきであるとしました。

　ポーター教授は，1979年にその業界構造を分析するフレームワーク「**ファイブフォース分析**」を発表しました。これはまず業界（企業）の収益性を決定する５つの競争要因として，「業者間の敵対関係」「売り手の交渉力」「買い手の交渉力」「新規参入の脅威」「代替品の脅威」があるとしました。（図表2-3）。

　これらの競争要因は「競争圧力」とも呼ばれ，競争圧力が高まれば業界（企業）が儲かりにくくなり，逆に競争圧力が弱まれば業界（企業）が儲かりやすくなります。つまり競争圧力が働きにくいポジションをとれば，競合他社との競争に勝てるとなります。企業はどうしても近くの競合企業の動向ばかりに目が向きがちですが，これらの外部要因について常に目を向け，自社の競争環境を把握することが必要であるとしました。

　その上で他社に打ち勝つためには「**３つの基本戦略**」があるとし，魅力度の高い事業領域を選ぶべきであると説きました。その３つは，「コストリーダーシップ戦略」，「差別化戦略」，「集中戦略」になります（図2）。

■コストリーダーシップ戦略

　効率的な生産設備に積極的に投資し，生産コストをなるべく抑えることによって，市場内で価格優位を獲得しようとする戦略です。

■差別化戦略

　自社の製品やサービスを差別化して，業界の中でも特徴的な製品・サービス

を創造しようとする戦略です。

■集中戦略

　特定の市場にのみ特化して事業展開する戦略で，初期コストも比較的小さく済むことから，資本の脆弱な中小企業が積極的に選択すべき戦略といわれています。

図表2−3　ファイブフォース分析

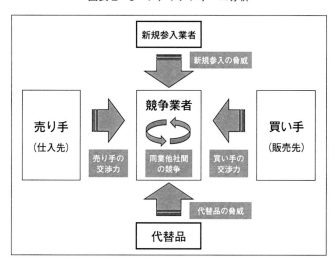

出所：M.E.ポーター『競争優位の戦略』（ダイヤモンド社）をもとに
一部筆者加筆

図表2−4　3つの基本戦略

ターゲット		競争優位性	
		低コスト	特異性
	全体	コストリーダーシップ戦略 Cost Leadership	差別化戦略 Differentiation
	特定 セグメント	集中戦略 Focus	

出所：M.E.ポーター『競争優位の戦略』（ダイヤモンド社）

[13] 製品開発のアプローチ①：マーケットイン戦略

　売れる製品のアイデアをいかに獲得するか，これは製造業にとって生命線そのものです。製造業系の会社はどこも，製品アイデアを生みだすために，日々頭を捻っています。特に，移り変わりの早い商品，ライフサイクルの短い商品を扱っている会社は，次から次へと新しいアイデアを考えていかなければなりません。このアイデアを考えるのは，一般的には開発部門の仕事になりますが，そこだけに限らず社員全員で商品アイデアを考える体制にしている会社もあります（→ アース製薬）。

　こうして誕生した商品は，便利なアイデア商品，消費者ニーズにフィットする商品などさまざまで，クリステンセンのいう「持続的イノベーション」に該当する従来品を使いやすくしたバージョンアップ商品や，なかには「破壊的イノベーション」に相当する画期的な商品が出てくるかもしれません。

　ところで，このような製品アイデアを考える際のアプローチとして，「**マーケット調査（市場調査）**」という手法があります。これは消費者にどういうものが欲しいかを直接ヒアリングする手法です。これは多くの会社で使われているポピュラーな手法ですが，そもそも上記のような製品アイデアを生み出す際に，マーケット調査を使うかどうか，以下の2つのアプローチがあります。

【製品開発の際の2つの大きなアプローチ】
(1) 製品アイデアのヒントを消費者に聞き，それを開発する
(2) 製品アイデアを消費者に聞かずに会社がアイデアを創出する（→ 14項）

　以下，本項と次項の2項にわたって，この2つのアプローチを考察していきます。本項ではまず(1)の「製品アイデアのヒントを消費者に聞き，それを開発する」アプローチです。

　このアプローチは，製品開発の際に消費者ニーズとズレないよう，できるだ

け空振りを避け，ヒット率を高めることを狙いとしています。市場調査における「市場実査」では，潜在顧客に直接あたって，顧客の欲求する商品ニーズを探ります。モニター（調査対象者）を集め試作品を体験してもらう**体験法**，被調査者（パネル）に対して定期的に調査を行う**パネル法**，アンケートに答えてもらう**質問法**などがあります。そこで消費者が求める商品はどういうものか，価格帯はどうか，既存の商品で満足していない点はどこか，などさまざまな情報を集め，そこから商品開発のアイデアに繋げていきます。またこのマーケット調査は会社が自ら行う他，これを請け負う専門のマーケット調査会社に委託することもあります。さらに最近出て来ている「モニターを集める専用サイト」を活用することもあります。このように潜在顧客に意見を聞くことでヒット率を高めた商品開発ができます。ところで，このように，顧客に直接意見を聞いて，顧客ニーズに合った商品を開発・提供するアプローチを**マーケットイン型製品開発（＝マーケットイン戦略）**といいます。

　上記 2 つの製品開発アプローチにおいて，一般的にはこのマーケットイン型製品開発アプローチをとる方が多数派になります。マーケットイン型製品開発を標榜し，成功している企業例として，新潟県三条市の家電メーカーの㈱ツインバードがあります。同社では「お客様に寄り添いながら製品開発をしていく」をモットーにしています。当社は顧客ニーズの把握にあたってさまざまな工夫をしていて，例えば，ホームページで製品のアイデアを募集したり，地元の地域住民を招いてお祭り（当社では「夏フェス」と呼んでいる）を開催して楽しんでもらいながら，集まった人に家電製品のニーズを調査し，「こういう製品が欲しい」，「あったらいいな」という商品ニーズを消費者から直接収集して商品開発に役立てています（参考：「ツインバードのものづくり」）。

　また他には，多くの会社が採用しているものに「本社宛ての意見はがき」（本書掲載事例企業では CoCo 壱番屋など）があります。この他「お客様コールセンター」を設置し，お客様の声を集めている会社は多数あります。

14 製品開発のアプローチ②：プロダクトアウト戦略

　次に前項の２つの製品開発アプローチのうちの(2)「製品アイデアを消費者に聞かずに会社がアイデアを創出する」について見てみます。

　例えば，世界で初めて自動車の大量生産の開発を成功させたフォード自動車，また世界で初めてポケットに入る小型ラジオや携帯型音楽プレイヤーのウォークマンを作ったソニー，さらにオートバイや自動車などモーターサイクル業界で彗星のごとく現れて画期的なオートバイであったスーパーカブや世界最強のオートバイエンジン・F1 レース用エンジンを作ったホンダ，最近ではパソコン（Mac）やスマートフォン（iPhone）を作った Apple──これらはいずれもシュンペーターのいう「創造的破壊」，あるいはクリステンセンのいう「破壊的イノベーション」に該当する画期的な商品を作った会社です。

　面白いことにこれらの会社（経営者）に共通しているのは，全員が前項のマーケット調査に対して否定的な見解を持っていたということです。彼らは，製品開発をする時にマーケット調査で顧客にニーズや欲しいものを聞くかどうかについて，各々次のような言葉を残しています。

【フォード創業者のヘンリー・フォード】

　馬車の顧客に何が欲しいかを聞いたら，もっと速い馬が欲しいと言っただろう。「自動車」が欲しいなんていうはずがない。⇒ マーケット調査不要論！

【ソニー創業者の盛田昭夫】

　我々はマーケットサーベイ（市場調査）には頼らない。あなたは何がいりますかと聞いて作っていたんでは遅いんですよ。⇒ マーケット調査不要論！

【本田自動車工業創業者の本田宗一郎】

　独創的な新製品を作るヒントを得ようとしたら，市場調査の効力はゼロである。大衆の知恵は決して創意などはもっていないのである。大衆は作家ではなく，批評家なのである。⇒ マーケット調査不要論！

【Apple 創業者のスティーブ・ジョブズ】

　顧客が望むモノを提供しろという人もいる。だが，しかし私の考えは違う。顧客が今後，何を望むようになるのか，それを顧客本人よりも早く摑むのが我々の仕事なのだ。人々は皆，実際に“新しいモノ”を見るまで，“それ”が欲しいか，なんてわからないはずだ。だから私は，市場調査に頼らない。私達の仕事は，歴史のページにまだ書かれていないことを読み取ることなのだ。

　マーケット調査は意味がない。顧客は自分が本当に欲しいものなんてわかっちゃいない。まだ見たこともない「本当に欲しいもの」を俺たちが創るんだ。⇒ マーケット調査不要論！

　このように，「創造的破壊」製品，「破壊的イノベーション」製品を作ったイノベーターは共通してマーケット調査に否定的な言葉を残しています。それは，今までに見たことのない画期的な製品を消費者がイメージできるものではない。だからそのような製品開発を目指す企業としては，「マーケット調査をしても無駄である」と主張します。このように，製品アイデアを顧客に求めず，企業視点（企業側の発想）で考え，開発していく手法を「**プロダクトアウト型製品開発**」（=プロダクトアウト戦略）といいます。

　以上，前項と本項で見た 2 つの開発手法について，クリステンセンのいう「破壊的イノベーション」「持続的イノベーション」の関係でいうと，「持続的イノベーション」を生むのは「マーケットイン型製品開発手法」であり，「破壊的イノベーション」を生むのは「プロダクトアウト型製品開発手法」である，と大雑把には関連付けることができます。

[15] ロジャーズの
イノベーション理論

　「新しい製品が世の中に登場した時に消費者にどのように受け入れられていくか」について調べたのが**ロジャーズのイノベーション理論**です。製品ライフサイクル（PLC）理論に似ているこの理論は，社会学者のエベレット・ロジャーズ（1931 年～2004 年）が提唱したもので，同氏は新製品がマーケットに出た時に，それを受け入れる消費者のタイプが次の 5 段階に分かれるとしました。

■**第 1 段階：イノベーター**（Innovators：革新者）

　このタイプは新製品の発売直後に購入する層で，情報感度が高く，新商品をいち早く手に入れたいと考える。このタイプは全体の 2.5％ を占める。

■**第 2 段階：アーリーアダプター**（Early Adopters：初期採用者）

　このタイプは流行に敏感で，多少のリスクを冒してもいいと考えているが，イノベーターほど新技術そのものに熱狂しているわけではなく，その技術を通して何が得られるのか一呼吸置いて冷静に判断してから購入する点でイノベーターと異なる。このタイプの割合は全体の 13.5％ である。

■**第 3 段階：アーリーマジョリティ**（Early Majority：前期多数採用者）

　すでに広まりつつあるものに乗り遅れないように取り入れようとするタイプ。このタイプはイノベーターやアーリーアダプターと違ってリスクの許容度が高くなく，新技術の普及状況を見つつ安全策を取りながらも流行に乗り遅れまいとする点に特色がある。全体の 34％ を占める。

■**第 4 段階：レイトマジョリティ**（Late Majority：後期多数採用者）

　いわゆる保守的な層。この層は，新しい商品や技術を導入している人が多数派となって，多くの人が活用する様子を確認してから自分も購入を決断する層。この層の構成比率は全体の 34％ である。

■第 5 段階：ラガード（Laggards：採用遅滞者）

　最も保守的な層。この層の人は，新商品が十分に浸透してから購入することに焦りはない。構成割合は全体の 16% である。

【キャズム理論】

　この「ロジャーズのイノベーション理論」は，次に**キャズム理論**に繋がります。これは一般的に新製品が世の中に大きく普及するかどうかは，アーリーアダプター（早期採用者）とアーリーマジョリティ（前期多数採用者）の間に横たわる**溝**（＝**キャズム**）を超えるかどうかが指標になるというものです。

　これはキャズム前の市場（＝**初期市場**）は，「新しさに価値を置いて商品を求める層」で，キャズム後の市場（＝**メインストリーム**）は「安心感を求めて商品を購入する層」と大きな価値観の違いがあるため，広く普及するかどうかはこのキャズムを超えるかどうかが判定基準になるというものです。

図表 2−5　ロジャーズのイノベーションの普及図

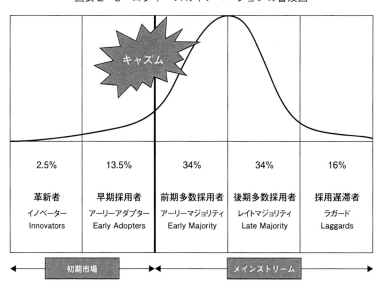

出所：エベレット・ロジャース『イノベーションの普及』（翔泳社）

16 アンゾフの成長マトリクス

　既存の会社が今後の成長戦略を考える時に，「製品」と「市場」を新しく見直すか，あるいはそれまでのまま深掘りするのか，の大まかにいってこの２つの戦略があります。これをまとめたのが，「**アンゾフの成長マトリクス**」になります。

　例えば，大阪に 10 店舗を展開している評判の良い洋菓子販売会社が，今後の成長戦略を考える際に，新しい製品に挑戦するか否か，あるいは新しい市場に挑戦するか否かで分けて考えると次のように４通りの戦略が考えられます。

(1)　新しい市場戦略として，「①大阪でさらに 30 店舗になるまで拡大する」か，あるいは「②すぐに新たに東京進出する」のそれぞれ２通りの戦略が考えられる。

(2)　新しい製品戦略としては，「③今までどおり洋菓子店の１本で行く」か，あるいは「④和菓子販売も取り扱う」のそれぞれ２通りが考えられる。

　これを１つの表にまとめると，「市場と製品」をそれぞれ「既存か新規」にするかで４象限のマトリクスとして整理して考えることができます。この表が，「アンゾフの成長マトリクス」(1965 年『企業戦略論』) と呼ばれるもので，この４象限のマトリクスのそれぞれについて，４つの戦略パターンが出てきます (右図)。

(1)　上記①　→
「既存製品×既存市場」(既存製品を現市場でさらに販売) = 「**市場浸透戦略**」

(2)　上記②　→
「既存製品×新規市場」(既存製品を新市場で販売) = 「**新市場開拓戦略**」

(3)　上記③　→
「新製品×既存市場」(新しい製品を現市場で販売) = 「**新製品開発戦略**」

(4)　上記④　→
「新製品×新規市場」(新しい製品を新市場で販売) = 「**多角化戦略**」

　さらに，④の多角化戦略については，既存の事業との関係で，以下の 4 つの種類に分かれます。

ⓐ. **「水平型多角化」戦略** ＝現在の顧客と同じタイプの顧客を対象にして新しい製品を投入する多角化。（例）和食レストランがイタリアンに進出。

ⓑ. **「垂直型多角化」戦略** ＝現在の製品の川上や川下に対する多角化であり，川下への多角化を前方的多角化，川上への多角化を後方的多角化という。（例）製造メーカーが川下の直接販売まで進出。

ⓒ. **「集中型多角化」戦略** ＝現在の製品とマーケティングや技術の両方，またはいずれか一方に関連がある新製品を，新たな市場に投入する多角化。（例）パソコンメーカーの Apple がネットを使った音楽配信に進出。

ⓓ. **「集成型多角化」戦略** ＝「コングロマリット型多角化」ともいい，現在の製品と既存の市場の両方にほとんど関連がない多角化をいう。（例）イトーヨーカドーがセブン銀行に進出。

図表 2 − 6　アンゾフの成長マトリクス

市 場（顧 客）

		既存	新規
製品（技術）	既存	①市場浸透戦略	②新市場開拓戦略
	新規	③新製品開発戦略	④多角化戦略

出所：H. I. Ansoff, *Strategies for Diversification.*

17 経営理念体系

　経営トップは企業経営の節々で，自らの考えを従業員に伝えるため，メッセージを発信します。それは会社の基本的な理念であったり，会社の向かう目標であったり，年間の業績目標，それを達成するための具体的な活動方法あるいは行動のあり方などであったりします。

　またその発信にあたっては，従業員の人数が多い会社では全員にきちんと伝わるように「経営理念や目標を仕事場に掲示する」，「朝礼で唱和する」，「社員手帳に記載して配る」など各社でさまざまに工夫しています。

　この経営理念や目標を1つの図にまとめたものに経営理念体系図（図表2-7）があります。これは一番上に最上位概念の「経営理念」を置き，その下に「経営目標」，さらにその下に目標を達成するための「経営戦略」，一番下に具体的な「経営戦術」が書かれます。

　それぞれの意味は次のようになります。

経営理念：企業の存在意義，価値観，目指す方向性，信念を表現したもので，
　　　　　その内容は社是・社訓などの形で成文化されていることが多い

経営目標：経営理念に基づいて会社の目標を具体的に数値などで表したもの
　　　　　例；「売上高10億円を達成する，業界順位1位になる」

経営戦略：経営目標を達成するための大きな方向性
　　　　　例；「①競合他社A社との戦いを制するため若者向けで業界トップになる」，②「リピーターの購入割合を10％引き上げる」

経営戦術：経営戦略を実行するためのさらに具体的な手法を掲げる
　　　　　例；「上記①についてはCMに人気俳優を使う」「上記②については夏物セール，冬物セールの1割引きのDMを送る」

　なお，この「経営理念」「経営目標」「経営戦略」「経営戦術」の言葉は決まっているわけではなく，会社によってさまざまな表現が用いられています（図表2-8）。

　この経営理念体系図は従業員に明示して，日常のさまざまな業務遂行の場面で，判断に困った時に，この体系図に基づいて，従業員が応用を利かせて自主的に判断し行動できるようにしておきます。

　このほかに会社のあり方の根幹をなすものに**事業ドメイン，コアコンピタンス**があります。事業ドメインは，企業が経済活動を行っている事業領域のことであり，「どの業界でどんな商品（サービス）を展開するか」を明確にしたものです。またコアコンピタンスとは，企業が競合他社に対して圧倒的に優位にある事業分野や，独自の技術やノウハウのことをいいます。

図表2-7　経営理念体系図

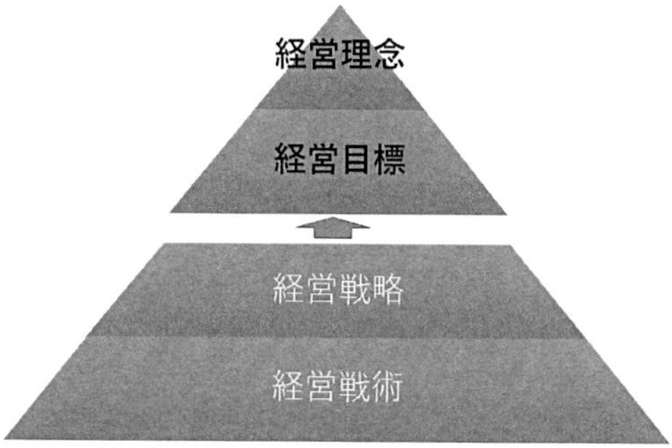

（筆者作成）

図表2-8　経営理念に関するさまざまな表現

経営理念	社是，社訓，経営信条，経営ビジョン，経営指針，経営ミッション，基本理念，経営姿勢，経営方針 etc.
経営目標	経営ビジョン，経営スローガン，経営構想，長期計画，中期計画，3か年計画，年度目標，バリュー etc.
経営戦略	事業戦略，経営指針，行動規範 etc.
経営戦術	経営戦法，行動規範，企業行動憲章，行動原則，アクションプラン etc.

（筆者作成）

【注　記】

(1)　総務省 H29 年度情報通信白書＞第 3 章第 1 節革命がもたらす変革
（https://www.soumu.go.jp/johotsusintokei/whitepaper/ja/h29/pdf/n3100000.pdf）

【参考文献】

野水重明（2022）『ツインバードのものづくり』プレジデント社
宗次徳二（2010）『CoCo 壱番屋　答えは全てお客様の声にあり』日経ビジネス人文庫

歴史的アントレプレナーの
事例研究

　本章では日本の歴史的人物・企業について取り上げます。ここで取り上げるのは,「第 1 次創業の波」から「第 2 次創業の波」にあたる明治から終戦直後までに登場した偉大な起業家（アントレプレナー）です。この時代には,ダイナミックに行動し,大きな会社を作り上げた起業家が数多く登場しました。

　彼らが起こした企業は,今日でも世界的な大企業として活躍していますが,そのような大企業でも,スタートアップ期には,事業を確立するためにさまざまに工夫をして,それぞれ独自の経営戦略を生み出しました。

　その過程やそこで生み出された経営戦略は,現在でも通ずる普遍的なテーマが多く,現在のスタートアップアントレプレナーが経営戦略を考える際にも大いに参考になります。

18 渋澤栄一：日本資本主義の父

　まず最初は渋澤栄一です。渋澤は「日本資本主義の父」といわれる近代日本建国の父で，NHK の大河ドラマに取り上げられたり，新しい一万円札に登場したりと注目度が高まっています。「日本のベンチャーブーム（第4項）」の「第1次創業の波」を代表する1人で幕末から明治にかけて活躍しました。

■＜事例＞　渋澤栄一

　渋澤栄一は「日本資本主義の父」と称される日本の近代史上の英雄。幕末にパリ万博の遣欧使節団に選ばれ1年半パリに滞在し，この時に欧州の進んだ近代資本主義社会を目の当たりにして，日本も追いつかねばならないと痛感した。渋澤の凄かったところはわずか1年半の滞在中に，初めて見た資本主義社会の仕組みを理解したことで，そこで得た知見から，帰国後，日本で資本主義社会を作るには最初に金の流れを作ることが必要と考え，まず最初に1873年（明治6年）に第一国立銀行（現みずは銀行）を設立した。次に大衆に世の中の流れを知らせ啓蒙するためには新聞が必要だとして，王子製紙，印刷会社を作った。また社会インフラの整備も必要であると東京瓦斯，東京電力，東京水道局を作った。国力向上に向けて，当時，日本の輸出産業の中核であった絹糸の日本初の機械生産工場となる富岡製糸場を建造し，さらには社会の近代化に必要だとして，セメント会社，損害保険会社，東京証券取引所を次々と興していった。こうして渋澤が作った会社は500社以上に上った。明治維新直後のほとんどこれといった会社がなかった時代に，渋澤が一気にこれらの会社を立ち上げたことで，日本の近代化が極めて短期間で成し遂げられた。もし渋澤の活躍がなければ，もっと遅れていた可能性があったといっても過言ではない。

　加えて渋澤は営利会社だけでなく，非営利の社会団体を100団体以上も作っており，それには東京市養育院（身寄りのない孤児や老人を養う施設），東京慈恵

医院（現：東京慈恵会医科大学付属病院），財団法人聖路加国際病院，日本結核予防協会など重要な施設が多くあった。

　このように渋澤栄一は「近代日本の建国の父」の呼称に相応しい活躍をした英雄であり，また起業家としてもこれだけ多くの企業を起業したことから，「稀代の起業家（アントレプレナー）」ともいえる。

■＜解説＞　渋澤は多数の会社を作りましたが，各社の経営面でも極めて高い意識を持って運営にあたり，その手法は今日でも大いに参考になります。

⑴　**私利を追わず公益を図る**

　渋澤栄一の活動の背景には，日本の近代化に必要な産業を早急に育成しなければならないという強い国事意識があった。渋澤は 500 もの会社の創設・育成に携わったが，出資した会社が軌道に乗るとその会社の株を売却し，蓄財もせず新しい会社に投資していった。巨利を得る立場にありながら私利私欲に走らず，「渋澤財閥」も作らず，稼いだお金の多くを慈善団体などに寄付し，子孫にも資産は残さなかった。渋澤のそのような社会的責任を追求した姿は大いに称賛されるものであった。渋澤は「正しい行いをしていれば利益（＝個人の儲け）は後から付いてくる」との考えを生涯にわたって貫いた。

⑵　**現代にも通じる経営思想「道徳経済合一説」**

　会社経営にあたっては，財閥オーナーが経営を独占する閉鎖的な会社運営方式を否定し，訪欧の際に学んだ「株式会社は株主のもの」という**株式会社本来の合議的・開放的な運営制度**を自ら実行した。

　また渋澤は，幼いころに学んだ「論語（倫理）と算盤（利益）は相反する」とは誤った解釈で，それを一緒に実現することが道理であり，そのうえで我々はこの道を踏み外してはならないと考えた（**道徳経済合一説**）。

⑶　**今日重要な経営視点である「企業の社会的責任」を当時すでに提唱**

　社会団体の設立もこの考えによるものである。「自分のごとく分限者になれたのも，一つは社会の恩だといふことを自覚し，社会の救済だとか，公共事業だとかいふものに対し，常に率先して尽くすやうにすれば，社会は倍々健全になる」[1]。今日でいう**「企業の社会的責任」**であった。

19 岩崎彌太郎：三菱グループ創設者

次は渋澤栄一と同時代に活躍した岩崎彌太郎です。同氏はわが国最大の企業グループである三菱グループの創始者です。三菱グループは，御三家の三菱商事・三菱重工業・三菱 UFJ 銀行他，世話人会の三菱 UFJ 信託銀行・三菱マテリアル・三菱地所・三菱電機・AGC・日本郵船・東京海上日動火災保険他中核27 社，グループ会社 600 社からなります。渋澤栄一とともに明治の日本の近代化に貢献した 2 人ですが，この 2 人の経営手法はまったく異なっていました。

■＜事例＞　岩崎彌太郎

岩崎彌太郎は土佐藩の地下浪人の家に生まれ，決して裕福ではない家庭に育ったが，その出自から「産業界の天下人」にまで上り詰めた稀代の人物であった。その飛躍は次の 3 期に分けて見るとわかりやすい。

（第 1 期）1867 年（慶応 3 年，33 歳）土佐藩開成館長崎出張所主任（船舶武器丸薬購入窓口）

（第 2 期）1869 年（明治 2 年，35 歳）開成館大阪出張所へ異動し責任者。翌年九十九商会発足。大阪土佐藩の責任者。藩船 3 隻の払下げを受ける。

（第 3 期）1871 年（37 歳）廃藩置県で藩史を降り九十九商会の代表。

1873 年（39 歳）九十九商会を三菱商会に改名。代表を継続。

彌太郎は上記のステップで出世街道を駆け上がり，第 3 期で三菱商会代表になったあと歴史の表舞台に出る活躍が始まった。まず土佐藩から買い取った船 3 隻で事業を展開。当時，欧米の海運会社が独占していた内外航路から外国汽船会社を駆逐するため，明治政府の保護を受けて 1875 年（41 歳）に日本・上海間の定期航路を開いた（郵便汽船三菱会社と改称）。そして激しい運賃競争を仕掛けたり荷為替金融を始めるなどし，国内航路から「米国パシフィックメイル汽船会社」「英国 P&O 汽船会社」の欧米会社を撤退させることに成功し，

国内航路を独占した。

　彌太郎は，政府に近い位置で「廃藩置県」「台湾出兵」「西南戦争」の際に巨万の富を築き，これを元手に多くの企業を買収し，三菱財閥を作っていった。

　「三菱のあゆみの岩崎彌太郎年表[(2)]」では，この時期の事業分野の拡大の様子を次のように記載している。―「1869 年（35 歳）には，船舶代金見合いで『紀州の炭坑』を取得した。1871 年（37 歳）には岡山県の『吉岡銅山』を入手した。今日の『三菱マテリアル』の原点である。さらに海運に付随して『金融業』や『倉庫業』も生まれた。それらは後に今日の『東京三菱銀行』や『三菱倉庫』になった。1879 年（45 歳）には，後藤象二郎から『高島炭坑』を買い取った。後年三菱のドル箱になった。基幹産業として早くから着目していた『長崎造船所』も手に入れた。後に造船三菱の本丸となった（『三菱重工』）。このほか『貿易』『海上保険』『生命保険』『鉄道投資』など，近代国家の経済活動のあらゆる分野に首を突っ込んだ。彌太郎の起業家精神は澎湃（ほうはい）として沸き起こり枯れることを知らなかった。(中略)。岩崎彌太郎は間違いなく近代日本を代表する起業家だった。」

■＜解説＞　渋澤栄一同様，多くの会社を手中にした岩崎彌太郎は，渋澤とまったく異なった経営手法をとりました。この 2 人の異なる経営手法は今日にも通じるテーマであり参考になります。

(1)　岩崎彌太郎は，三菱財閥の運営にあたり，閉鎖的なコングロマリット体制を敷き，「権限とリスクは一人に集中すべき」と確信していました。彌太郎は**社長独裁**こそが企業の活力の源泉と信じて疑いませんでした。明治 8 年制定の三菱汽船会社規則には，「当商会は…会社の名を命し会社の体をなすといえどもその実全く一家の事業にして…会社に関する一切のこと…全て社長の特裁を仰ぐべし」と**社長独裁**が謳われていました。

(2)　渋澤と岩崎の明治初期を代表する 2 人の起業家が，経営面では「**株式会社本来の合議的・開放的な運営制度**」と「**社長独裁経営**」と正反対の経営思想であったのは興味深いところです。なおこの 2 つの経営スタイルは一概に優劣を問えるものではなく，各々長所・短所があります。

[20] 豊田喜一郎：トヨタ自動車創業者

　次は日本を代表するトヨタ自動車の創業者の豊田喜一郎です。トヨタ自動車は 1937 年（昭和 12 年）に，豊田喜一郎によって興されました（ただし初代社長は義兄の豊田利三郎に委任）。同社の創業は，「日本のベンチャーブーム（第 4 項）」の「第 2 次創業の波」に該当します。

■＜事例＞　豊田喜一郎

　豊田喜一郎の父豊田佐吉は偉大な発明家で，織機関係で多くの発明を残し，特に「Ｇ型自動織機」は世界で大きな評価を得た。豊田喜一郎は東大を卒業後，父の経営する豊田紡績㈱（現：トヨタ紡織）に入社した（1926 年（昭和元年））。転機が訪れたのは，1929 年の米国出張の際に，米国の街中を，大衆向け量産車Ｔフォード（1909 年（明治 42 年）から量産開始）があふれるように走り回る光景を目の当たりにしたことであった。

　当時，日本でもフォードの日本工場（1925 年（大正 14 年）操業）で生産されたＴフォードが街を走ってはいたが，まだタクシー等の業務用車両や富裕層向け車両中心で台数は少なかった。喜一郎は，自動車が米国では大衆車として普及していることに大いに驚き，「日本は非常に遅れている。日本もこのようにならねばならない。米国におけるフォードのように日本にも大衆向けの車を作る会社が必要だ」と，国益の立場から自動車産業の必要性を痛感した。帰国後，喜一郎は 1926 年に設立した豊田自動織機製作所㈱（豊田自動織機）の中に自動車部を作り，自ら国産大衆自動車の製造に乗り出した（1933 年）。

　そしてわずか 3 年後の 1936 年に，トヨタ初の乗用車「トヨダ AA 型乗用車」を発表した。この 1 号車は完成度が高く評判も上々だったので，これに自信を得た喜一郎は，自動車製造事業法の許可会社の指定も得て，1937 年にトヨタ自動車工業㈱を分離設立し，1941 年に社長に就任した。部品点数が多く

外注先も多い自動車製造を，ゼロからわずか 3 年で立ち上げた喜一郎の行動力，調整力，バイタリティは目を見張るものがあった。

　その後，喜一郎は第 2 次世界大戦をはさみ 1950 年まで社長を続け，乗用車 6 台をリリースし，1 代でトヨタ自動車の基礎を作った。

　なおその後，1950 年，2 代目となった石田退三社長の時代にはクラウン（1955 年），コロナ（1957 年），パブリカ（1961 年）と立て続けにロングセラーカーが生まれ，国内自動車メーカーの地位を確立した。さらにその後の中川不器男（なかがわふきお）社長時代には，カローラ（1966 年），ハイエース，2000GT（1967 年）などを発売し，トヨタはシェアトップの地位を不動のものとした。このようにトヨタでは優秀な社長が続いた。

■＜解説＞　喜一郎が自動車会社を立ち上げる時にとった経営戦略は，今日にも通じるテーマがあります。それは起業時の「**自社開発か外部技術の導入**」かの問題で，喜一郎は部品 1 つからの**完全自社開発**にこだわりました。

　喜一郎は，「外国品万能を打破し，国産品の競争力を高めて，国産品万能を実現し，富国という国益に貢献する」という国益重視の経営理念を持っていました。これは父佐吉譲りで，佐吉も「これはみな外国品ばかりではないか。こんなことで日本の将来をどうする。今に私は立派な国産品をつくって，きっと外国品を追っ払ってみせる。」(3)と考えていました。喜一郎は海外技術の導入に関して「勿論，人のやったものをそのまま輸入する必要もあるが，それは楽をしてそれだけの知識を得ただけに，さらに進んで進歩させる力や迫力には欠けるものがある。日本の真の工業の独立をはからんとすれば，この迫力を養わなければならない。」(4)と部品の 1 つに至るまで徹底した完全自社開発（純国産）へのこだわりを持ちました。この完全自社開発理念は，生産方式に関しても同様で，フォードの**ベルトコンベア方式**が席巻していた時代に「フォードがどんな方式を取っておろうとフォードよりすぐれた方式を打ち立てねばフォードに勝てない」(4)として，独自の**ジャストインタイム方式**を打ち立てました。こうして喜一郎はベンチャー時代の新規事業立ち上げに際して，海外から技術導入をせずに，**完全自社開発**の経営戦略をとりました。

21 鮎川義介：日産自動車創業者

　次は日本を代表するもう1社の自動車会社の日産自動車です。日産自動車は1933年（昭和8年）に鮎川義介によって創業されました。義介は先の岩崎彌太郎が三菱財閥を作ったように，日本産業を中心とした企業グループ（日産コンツェルン）を作りあげました。

■＜事例＞　鮎川義介

　鮎川義介は東大卒業後，「いずれは実業家となって世に立ちたい希望ですが，まず産業とは何か，工場とはどんな所かを知るために，一職工となって工業の基本から学びたい」(5)と，三井の入社内定を辞退し，東大卒の学歴や明治の元勲・井上馨の親族であることを隠して，見習い工として芝浦製作所（現：東芝）に入り，2年間，機械，鍛造，板金，組立，鋳物の技術を学んだ。そして2年間の修行の最後に，80近い工場見学をし，日本で成功している企業はすべて欧米の模倣であることを知り，それであればと次は欧米の技術を体得しなければならないと渡米し，約1年間，北米の田舎町の可鍛鋳鉄工場（グールド・クーブラー社）で職工として働き可鍛鋳鉄技術を習得した。

　このように現場を体験しないと気の済まない義介は異色の社会人スタートを切ったが，帰国後ようやく日本での活躍を始めた。まず井上馨に，米国で見た鋳物工業の将来性を強く訴え，同氏の支援を得て北九州市に戸畑鋳物（のちの日立金属）を設立した。その後，恐慌で倒産寸前だった義弟が経営する久原鉱業を引き継ぎ，1928年に同社を日本産業（戦後の財閥解体で現在はない）と改称し，赤字企業を次々と買収してはそれを更生させる手法でグループを拡大し，日産コンツェルンを築いていった。同グループには今日でも大企業として活躍している日本鉱業（現：JX日鉱日石金属など），日立製作所，日立電力（現：東京電力），日産自動車，日本化学工業（現：日産化学工業），日本水産等があった。

　こうしてグループ会社を拡大していた 1933 年，自動車工業㈱（現：いすゞ自動車）より「ダットサン」の製造権を無償で譲り受ける話が来た。かねてより義介は日本の工業が発展するには自動車製造が欠かせないと考えていたため，この権利を得た後，自動車製造を行うための自動車製造㈱を設立した（義介 53歳）。そして翌年，この会社を日産自動車製造㈱と改称し，日産自動車が誕生した。義介にとっては満を持しての自動車業界への進出であった。

■<解説>

　鮎川義介が日産自動車を立ち上げる際にとった戦略が「**海外技術の導入**」で，前項の豊田喜一郎の「完全自社開発」と真逆のものでした。それは当時，日本に進出していたフォード，シボレーの自動車部品製造を請け負うことで海外技術を導入し，力を付けた後，欧米車に対抗できる国産自動車を製造するという現実的な戦略でした。

（注）フォードは 1925 年（大正 14 年）に横浜子安で，ゼネラルモータース（シボレー製造）は 1927 年に大阪で生産を開始していた。

　以上のように，トヨタ自動車の豊田喜一郎と日産自動車の鮎川義介は，共にほぼ同時期に自動車会社を立ち上げ，2 人とも日本の国力増大のために国産の自動車産業を確立すべきという同じ思いを抱きながらも，その経営戦略はかたや「**完全自社開発**」で，かたや「**海外技術の導入（他社技術の導入）**」とまったく逆の戦略をとりました。この 2 つの経営戦略の違いは，現代にも通じる普遍のテーマです。

図表 3−1　製造業ベンチャー立ち上げの際の 2 つのアプローチ

	自社開発	海外技術の導入（他社技術の導入）
導入例	・豊田喜一郎（トヨタ自動車）	・鮎川義介（日産自動車）
メリット	・儲けが大きい ・あとの製品改良は独力でできる 　（儲けは大きい，製品改良は自社で可能）	・事業の立ち上げが早い ・製造設備立ち上げが早くできる ・製品の安定性面でも実績がある 　（スピードが早い）
デメリット	・製造設備立ち上げに時間がかかる ・製造設備立ち上げができたあとも製品の安定 　までに時間がかかる 　（スピードが遅い）	・導入コストがかかる。 ・製品販売後にロイヤリティ支払いが発生する 　ことが多い。＝利益が少なくなる ・あとの製品改良が独力でしにくい

（筆者作成）

22 松下幸之助：パナソニック創業者

　松下電器産業（現：パナソニック）は，経営の神様といわれる松下幸之助が1918年（大正 7 年）に起こした会社で，同氏は一代で「世界の松下」といわれたグローバルカンパニーを作り上げました。

■＜事例＞　松下幸之助

　松下幸之助は，1894 年（明治 27 年）に和歌山県で生まれました。幸之助が 4 歳の時，父が米相場に手を出して失敗したため一家は困窮に陥り，小学校もあとわずかで卒業という 9 歳の時，大阪に丁稚奉公に出た。学歴は小学校中退になる。彼は利発で商売にも熱心だったので奉公先で可愛がられ，頭の下げ方，言葉遣い，身だしなみや行儀作法など，商人・社会人としてのイロハをみっちり指導してもらった。同氏は後年この時代を「船場大学・船場学校」と振り返る。

　5 年ほど勤めた後，大阪電灯株式会社を経て，1918 年，幸之助は「松下電気器具製作所」を創業した。松下幸之助 23 歳，妻・むめ 22 歳，義弟・井植歳男 15 歳（のちの三洋電機社長）の，若い 3 人だけの小さなスタートであった。

　幸之助は最初，**発明家**として能力を発揮したが，その後，**商売人**として能力を発揮，さらに**経営者**としての能力も発揮して世界的な会社を作り上げていった。幸之助が多彩な才能を発揮した実績には次のようなものがある。

　発明家：「2 股ソケット」「自転車用砲弾型電池式ランプ」「角型ランプ」「スーパーアイロン」「電気コタツ」

　商売人：「正価販売」「試供品販売」「販売組織会の組成（ナショナルの店）」

　経営者：「水道哲学＝大量生産で低価格販売」「事業部制の導入」「週休二日制の導入」「戦後主婦向け生活家電を事業ドメインとしてリターゲット」

　文化・政治活動　著作多数，PHP 出版設立，松下政経塾設立

　幸之助が「家電の松下王国」を作り上げたのは戦後で，それは終戦直後に米国出張で，米国の進んだ家庭生活を見たことがキッカケでもあった。幸之助が驚いたのは，女性の社会進出と同時に，週末は余暇を楽しんでいる姿であった。当時，日本の主婦は，1日中家事に追われるのが当たり前で，洗濯は手洗い，料理はかまどで火をおこして作り，掃除は箒で掃いて雑巾がけをし，冷蔵庫はなかったので毎日買い出しに行くという姿であった。幸之助は最初，なぜこれほどまでに彼我の差が大きいのか理解できなかったが，その後，それは洗濯機，掃除機，冷蔵庫などの生活家電が普及しているためだと知った。この米国の実態を知って，幸之助は家電メーカーとしての自身の使命を，「日本の主婦向けに安くて良い生活家電を供給して，主婦を家事労働の負担から解放するように役に立たなければならない」と強く意を固めたのであった。

　帰国後，幸之助は使いやすく高品質な生活家電を大量生産し，低価格で供給することに取り組んだ。折しも当時は1950年代半ばからの「神武景気」に入り，各家庭が「三種の神器」（冷蔵庫，洗濯機，テレビ）を求めた時期となり，松下電器の製品はタイミング良く一気に各家庭に普及していった。こうして松下電器は売り上げを伸ばし，業容を拡大して世界の松下に成長していった。

■<解説>　上述のとおり，松下幸之助は経歴的には，トヨタ創業者の豊田喜一郎，日産創業者の鮎川義介らの大卒「エリート」に対し，小学校中退で丁稚奉公に出た「叩き上げ」で，まったく異なっていました。しかし幸之助は早くから丁稚奉公に出たことで，誰よりも長く商売の現場を見て，実際の商売のノウハウを体得していきました。極めて低い目線で，常に人の意見を求め，「衆知を集めた全員経営」を実践しました。経営に対する深い知見を蓄えた幸之助は，「経営の神様」と呼ばれるようになり，多くの著作を残しました。

　前項で見た「海外企業との技術提携」に関していうと，松下幸之助は**「海外企業との提携」**をする現実路線をとり，戦後早くからオランダ・フィリップス社と技術提携をしました。他の大手家電メーカーでは東芝，三菱電機，NECが海外企業と事業提携路線をとり，日立製作所，ソニー，シャープなどは**「自社開発路線」**と，やはり家電業界でも大きく2つに分かれました。

[23] 井深大，盛田昭夫：ソニー創業者

　世界的 AV 機器（オーディオビジュアル機器）メーカーのソニーは，井深大と盛田昭夫が終戦直後の 1946 年（昭和 21 年）に創業した会社です。他の総合家電メーカーでは東芝，三菱電機，日立製作所が明治時代に，松下電器産業（現：パナソニック）が昭和初期に設立されたのに比べて，比較的新しい会社になります。しかし設立後 10 年で世界的ヒット商品を立て続けに連発し，瞬く間に世界中で知られる「世界のソニー」になり，ジャパニーズドリームを体現した会社になりました。ソニーはまさしく戦後日本を代表する成功ベンチャーといえます。

■＜事例＞　井深大，盛田昭夫

　ソニー（現：ソニーグループ）は敗戦後の 1945 年に，井深大（当時 38 歳）が復員後の仕事として技術者 20 名ほどを集めて東京通信研究所を創業したのが始まりとなる。その後，盛田昭夫が合流し，1946 年に井深と盛田がソニーの前身である東京通信工業（以下，東通工）を設立した。1958 年にそれまで製品名で使っていたソニーに社名変更し，現在のソニーグループ㈱という名前になった。

　当時の設立趣意書には「真面目なる技術者の技能を最高度に発揮せしむべき自由闊達にして愉快なる理想工場の建設」と記し，設立後も優れた技術者を見つけては勧誘し，優秀な技術者集団として陣容を拡大していった。この優秀な技術者獲得が後に大きな実績に繋がっていくことになった。

　設立当初は，ラジオの改造・修理，真空管電圧計など官庁や NHK の放送設備の修理などを行っていたが，次第に井深は「放送局などから与えられた仕様書によって製品を作る仕事ではなく，もっと大衆に直結した商品作りをやってみたい」と思うようになっていた。また同時に，「大きな会社と同じことを

やったのでは，我々はかなわない。技術の隙間はいくらでもあるはずで，我々
は大会社にはできないことをやりたい」とニッチ戦略を意識した経営理念を
持っていた。新興ベンチャー企業の経営者として的確な判断を行っていたと言
える。

● 日本初のテープレコーダーの自社開発

　ちょうどその頃，井深は CIE（GHQ 内の民間情報教育局）の人からテープ
レコーダーを見せてもらった。初めて見るもので，大企業はまだどこもやってい
なかった。これをぜひ自分たちで開発したいと思った。しかし資料はほとんど
なく，自分たちだけで手探りで磁性材料を探し，試行錯誤を繰り返して，1950
年に日本初のテープレコーダーを開発した。もっともこの初号機は 35 キロと
重く，商業的には学校教育現場に導入された程度で大成功とはならなかった。
しかしこの開発実績が後で大きなチャンスに繋がることになった。

● 日本初のトランジスタラジオの開発

　井深がテープレコーダーの販売先を探して渡米している時に，発明されたば
かりのトランジスタの特許の公開を受けられるかもしれないという情報を得
た。トランジスタは，1948 年ベル研究所の研究者のショックレー，バー
ディーン，ブラッテンの 3 人によって発明されたもので，その製造特許を，ベ
ル研究所の親会社であるウエスタン・エレクトリック社（以下，WE 社）が
持っていた。そのトランジスタの製造特許の実施を求めて，日本の大手企業も
手を挙げていたが，結局その中で唯一ソニーのみが実施権を獲得できた。それ
は先のテープレコーダーの開発を，完全独力でどこの会社の力も借りずに成し
遂げたことが，「そのような技術力のある会社であれば，トランジスタの特許
を使わせても大丈夫であろう」と評価されたのであった。ここで先のテープレ
コーダーを自社開発したことが活きた。しかしトランジスタのライセンスを受
ける際に，WE 社からはトランジスタを使った製品開発として補聴器製造を進
言されたが，井深はもっと難易度の高い従来の真空管ラジオに代わる世界初の
トランジスタラジオの開発に挑戦したいと考えた。

　ところが特許公開を受けたもののその内容は概要だけで，製造工程の詳細な開示はされなかったので，彼らはまた自分たちだけで手探りで作らなければならなかった。しかもその当時，半導体の製造設備なども一切なく，トランジスタを作るための工作機械から作らなければならず，水素でゲルマニウムを還元する酸化ゲルマニウム還元装置，その純度を上げるためのゾーン精製装置，切断機（スライシングマシン）と，一通りの工作機械を手作りで作り上げた。ここでまた優秀な技術陣を採用していたことが功を奏した。

　そしてまず開発開始から約1年かけて「**トランジスタ**」の自社開発に成功した。その後1955年1月に自社製のトランジスタを使った「**トランジスタラジオ**」の開発に成功した。ただ残念ながら世界初の座は，わずかひと月の差で米リージェンシー社に譲ることになった（同社は他社製トランジスタを使用。ソニー（当時は東通工）が自社製造のトランジスタを使ってトランジスタラジオを作った点では世界初）。

　しかし販売面では，性能に優るソニー製のトランジスタラジオがアメリカで圧倒的に売れ，1960年頃の売上高の実に40％がアメリカ向けの輸出で占められた。このトランジスタラジオの販売成功によって，ソニーは歴史の浅い企業ながらも一躍世界に名が知られるグローバル企業となった。

　その後もソニーは，先進的な製品の開発を続け，「小型テープレコーダー」「ポータブルトランジスタテレビ」「（高品質カラーテレビ）トリニトロンカラーテレビ」とヒット作を出し，遂に1979年には「破壊的イノベーション」と評され世界的大ヒット作となった携帯型ステレオカセットプレイヤー「ウォークマン」を出し，世界のソニーの名声を確かなものにしていった。

■**＜解説＞**　ソニーの成功のポイントを挙げると次のようになります。

- 設立趣意書の「真面目なる技術者の技能を最高度に発揮せしむべき自由闊達にして愉快なる理想工場の建設」のとおりに，優秀な技術者をどんどん仲間に加え，技術者のインセンティブを高めて能力を引き出すことに重きを置き，次々と先進技術の製品の開発を行っていった。
- 事業立ち上げ時には大企業とバッティングしないよう**ニッチ戦略**をとった。

- 最初から**グローバル志向**で世界マーケットに目が向いていた。
  - → 盛田は一時，欧米出張でその勢いを目にして弱気になったことがあったが，ヨーロッパの小国オランダのフィリップスが世界で活躍しているのを知って勇気を得たという。
- 「ポータブルラジオ」，「ウォークマン」とも小型化・ポータブル化により，「1 家に 1 台」から「1 人 1 台のパーソナルユース」を実現した。1 人 1 人が自分の好きなニュースを聞いたり，好きな音楽を聴けるようになって人々の生活を画期的に変え，豊かにした。ソニーは世界中の人々の文化発展に貢献したことで，世界に**ソニーファン**を増やした。
- 井深・盛田の両創業者は，スモールカンパニー時代から大企業になっても規模に応じて会社経営を行える能力を携えていた（59，60 項参照）。
- 井深は新製品の開発担当，盛田は海外輸出等の販売担当とする**2 頭馬車体制**の共同経営を行った。

【ソニーグループのヒストリー】

（設立後経過年数）

1946 年（0 年）設立

1950 年（4 年後）日本初テープレコーダー「G 型」販売開始

1955 年（9 年後）日本初のトランジスタラジオ「TR-55」発売（世界的大ヒット）

1957 年（11 年後）本格的輸出 1 号機 "ポケッタブルラジオ"「TR-63」

1958 年（12 年後）東京通信工業株式会社からソニー株式会社へ社名変更

1962 年（16 年後）小型・軽量のポータブルトランジスタテレビ TV5-303 発売

1965 年（19 年後）世界初の家庭用 VTR "ビデオコーダー"「CV-2000」発売

1968 年（22 年後）トリニトロンカラーテレビ「KV-1310」発売

1975 年（29 年後）家庭用ビデオカセットレコーダー "ベータマックス" 発売

1979 年（33 年後）携帯型ステレオカセットプレーヤー "ウォークマン" 発売

1994 年（48 年後）ソニー・コンピュータエンタテインメントで家庭用ゲーム機 PlayStation® を発売

24 その他の偉大な起業家

　本章では 7 人の日本の起業家を取り上げましたが，この時期にはほかにも以下のような偉大な起業家が多数登場しました。

■小林一三／阪急電鉄創業者（1907 年（明治 40 年）設立）

　小林一三は，阪急電鉄利用者の増加を狙ったさまざまなアイデアを創出し，その後の鉄道沿線開発の手法を生み出した。「始発駅の梅田駅にデパートを建設（日本初のターミナル駅デパート）」「宝塚線終点の宝塚駅に宝塚歌劇団等娯楽施設を設置（日本初の終点駅の娯楽施設）」「宝塚線沿線に住宅地を開発（日本初の鉄道沿線宅地開発）」等。

■堤康次郎／西武グループ創業者（1917 年（大正 6 年）活動開始）

　堤康次郎は不動産開発で多くの功績を残した。日本を代表するリゾート地となる軽井沢，箱根や，学園都市である国立，小平，大泉学園を開発した。また旧宮家や華族が都心部に所有していた邸宅地を関東大震災後に買収して高級ホテルのプリンスホテルを建設した。後に西武グループの総帥となった。

■石橋正二郎／ブリヂストン創業者（1918 年（大正 7 年）設立）

　石橋正二郎は弱冠 17 歳で家業の仕立て屋を引き継いだ後，家業を足袋専業に転換した。ゴム底足袋で貼り付け方式を考案して大ヒットした（従来は縫い付け方式）。その後，自動車用タイヤの国産化に取り組み，1930 年（昭和 5 年）に初めて成功させた。世界進出も果たし世界有数のタイヤメーカーに育て上げた。

■安藤百福／日清食品創業者（1948 年（昭和 23 年）設立）

　安藤百福はインスタントラーメンを世界で初めて開発した。同氏は自宅に

作った開発小屋に約 1 年間籠って開発を続け，天ぷらからヒントを得て，麺を高温の油で揚げることで，保存が効きかつ短時間で湯戻しできるインスタントラーメンの発明に成功した（49 項参照）。

■飯田亮／セコム創業者（1962 年（昭和 37 年）創業）

飯田亮は日本で初めて警備保障会社を立ち上げ，日本初のビジネスモデルの常駐警備を作り上げた。またその後，センサー設置による遠隔監視システムの機械警備システム（SP アラーム）を開発し，事務所・家庭の警備形態を一新させた。

■小倉昌男／ヤマト運輸の中興の祖（1971 年（昭和 46 年）社長就任）

小倉昌男は宅急便（クロネコヤマト）の生みの親。父が経営する大和運輸の跡を継ぎ，民間初の個人向け小口貨物配送サービスを立ち上げた。その際，旧運輸省（現国土交通省），旧郵政省（現日本郵政グループ）との間で規制緩和を巡って激しい戦いがあったが，それを乗り越え実現させた経緯があった。小倉氏は「サービスが先，利益が後」の理念を経営の原点とした。

■大塚正士／大塚薬品中興の祖（1947 年（昭和 22 年）社長就任）

大塚正士は父が興した個人商店の大塚製薬の 2 代目の社長で，大塚製薬を大会社にした中興の祖。オロナイン軟膏，日本初のドリンク剤「オロナミン C」，世界初のレトルト食品の「ボンカレー」，日本初の「ごきぶりホイホイ（子会社アース製薬）」，世界初のイオン飲料「ポカリスエット」，世界初の栄養補助食「カロリーメイト」など数々の画期的商品を生み出した。

上記の他にも，資生堂（明治 45 年創業）の福原有信，セイコー（明治 10 年）の服部金太郎，花王（明治 23 年）の長瀬富郎，ライオン（明治 24 年）の小林富次郎，サントリー（明治 39 年）の鳥井信治郎，味の素（明治 40 年）の鈴木三郎助，出光石油（明治 44 年）の出光佐三，西濃運輸（昭和 16 年）の田口利八，シャープ（大正元年）の早川徳次，戦後ではダイエー（昭和 32 年）の中内功，セブンイレブン（昭和 46 年）の鈴木敏文など多士済々な起業家が活躍しました。

25 ロードサイドのカテゴリーキラー

　「日本のベンチャーブーム（第4項）」の第1次から第3次ブームのすべてに登場するものとして**ロードサイドのカテゴリーキラーショップ**があります。この業界はベンチャー企業が率先して開拓した分野です。その変遷は下記のように「モータリゼーションの進展」と「買い物行動の変化」に大いに関連していました。

(1)　ひと昔前の買い物をする場所であった駅前商店街・近隣マーケットから，安売りを謳うダイエーが出現し，やがて大型化し総合スーパー（＝GMS）となりました。そしてGMSのワンストップショッピング機能が人気を呼び，その後，全国でGMS設立ブームが起こりました。なお，初期のGMSは駅前，商店街の中に設立されました。

(2)　昭和30年代後半，自家用車が増えたことで各地で交通渋滞が発生。その解消のため，郊外にバイパス道路が整備されました。そのバイパス道路沿いのロードサイドに新たに店舗用地が生まれ，そこにファミリーレストランなどの初期のロードサイドショップが出現しました。

(3)　モータリゼーションの更なる進展で世帯当たりの自家用車の普及が進んで「**1家に1台**」程度になり，GMSがバイパス道路沿いに建設した大規模駐車場を備えた大型店に，「家族で車で行ってまとめ買い・大量購入する購買行動」が見られるようになりました。

(4)　この頃からバイパス道路沿いにロードサイドショップが増加してきました。そして安定成長時代に入ると，多様性を求めてロードサイドのカテゴリーキラー（専門店）の豊富な品揃えが人気を呼ぶようになり，GMSから人の流れが移っていきました。車の所有もさらに進み，特に地方部では「**1人1台**」時代に入り，家族単位から個人での行動が増えました。

(5)　平成12年になると，ロードサイドショップの大型店化を規制していた

「**大店法**（大規模小売店舗法）」が規制緩和され，大規模家電量販店，大型ホームセンター，大型スーパーなどロードサイド店舗の大型店化が進みました。

(6)　近年，大型店の集合店舗化が進み，複数店をまとめたショッピングセンター，アウトレットモールや，カテゴリーキラーを集めてワンストップショッピングを謳うショッピングモールも出現しています。

（※以下年号は和暦のアルファベット表示）

■第1次ベンチャーブーム：1960 年代後半〜1970 年代前半（S40 年〜S50 年）

- 1世帯当たり自家用車保有台数：S40 年 0.334 台 → S50 年 0.475 台
- 郊外型 GMS 隆盛期
- S49 年**大店法**→売場ロードサイド店舗の売り場面積上限 500m² まで
- **登場したロードサイドベンチャー**：S36 しまむら，S45 すかいらーく etc.

■第2次ベンチャーブーム：1970 年代後半〜1985 年頃まで（S50 年〜S60 年）

- 1世帯当たり自家用車保有台数：S50 年 0.475 台 → S60 年 0.697 台
- 郊外型 GMS からロードサイドショップへ移行期
- 「カテゴリーキラー」という言葉が使われるようになった。
- **登場したロードサイドベンチャー**：S46 ロイヤルホスト，S47 コジマ，S48 ヤマダ電機，S49 洋服の青山，S50 オートバックス，マツモトキヨシ，S52 サイゼリヤ，くら寿司，コメリ，ダイソー，S53 コーナン，コナカ，S54 AOKI，カッパ寿司，S55 サンドラッグ，S59 ユニクロ，H1 ドンキホーテ etc.

■第3次ベンチャーブーム：1990 年代中頃〜 2000 年代前半（H7 年〜H17 年）

- 1世帯当たり自家用車保有台数：H7 年 0.965 台 → H17 年 1.110 台
  → 1996 年（H8 年）に初めて世帯当たり普及台数が 1.00（1家に1台）
- H12 年**大店立地法**（大規模小売店舗立地法）施行 → 売り場面積 500m² 上限の廃止
- 店舗の大型化，大型ショッピングセンター，ショッピングモール，アウトレット，シネコン，ショッピングモール，パワーセンターなど
- **登場したロードサイドベンチャー**：H3 ガリバー，ブックオフ，H6 TSUTAYA，カインズ，H9 ケーズデンキ，牛角，H11 スシロー，H12 丸亀製麺 etc.

【注　記】

(1)　渋澤栄一（2008）『論語と算盤』角川ソフィア文庫，p.147

(2)　HP 三菱グループとは＞岩崎彌太郎年表＞ vol.18 ベンチャーの旗手（https://www.
mitsubishi.com/ja/profile/history/series/yataro/18/）

(3)　豊田佐吉の名言（https://soul-brighten.com/toyoda-sakichi/）

(4)　豊田喜一郎の名言格言 33 選（33https://meigenkakugen.net/%E8%B1%8A%E7%94
%B0%E5%96%9C%E4%B8%80%E9%83%8E/）

(5)　邦光史郎（1993）『剛腕の経営学』徳間書店，p.144

【参考文献】

佐々木聡編（2001）『日本の企業家群像』丸善

渋澤栄一（2008）『論語と算盤』角川ソフィア文庫

HP 三菱グループとは＞三菱のあゆみ＞ 三菱人物伝＞ 岩崎彌太郎年表（https://www.
mitsubishi.com/ja/profile/history/series/yataro/）

HP トヨタ自動車 75 年史 TOP ＞文章で読む 75 年の歩み＞第 1 部「自動車事業への挑戦」
（https://www.toyota.co.jp/jpn/company/history/75years/text/taking_on_the_
automotive_business/index.html）

邦光史郎（1993）『剛腕の経営学』徳間書店

板垣英憲（2009）「松下幸之助「商売戦術三十カ条」」（経済界）

Panasonic Group ＞グループ企業情報＞歴史＞社史＞松下幸之助の生涯
（https://holdings.panasonic/jp/corporate/about/history/konosuke-matsushita.html）

ソニーグループポータル＞ Sony History
（https://www.sony.com/ja/SonyInfo/CorporateInfo/History/SonyHistory/）

第4章

サービス業系成功ベンチャーの事例研究

　本章から，比較的最近の成功ベンチャーにおける経営戦略の事例研究を行っていきます。ベンチャー企業は，会社を起こして経営が軌道に乗り，成功するまでに，必ず山，谷，壁にぶつかります。その時，それを乗り越えようと，苦労を重ねているうちに，各社がそれぞれの業種，環境，問題に応じた経営戦略を生み出していきます。

　本章の学習にあたっては，それぞれの会社がどういう壁にぶつかり，それを乗り越えるためにどういう経営戦略を構築したのか，その流れを追いかけながら読み進めてみてください。「経営戦略の学習」というと，難しいもの，あるいはなにか摑みどころがないものと感じる人も多いと思いますが，1つ1つの経営戦略が，どういう壁にぶつかってそれを乗り越えるため生み出されたものかという因果関係がわかれば，理解しやすく，同時に生きた知識の習得にもなります。

26 中央タクシー：タクシー業界の常識を覆した戦略

■タクシー業界のイノベーター

　まず最初は**タクシー業界のイノベーター**，長野市の中央タクシー㈱です。創業者の宇都宮恒久は，通常では想像できない親切心溢れる乗務員集団のタクシー会社を作り上げ，電話での配車依頼率が90％にもなるほど多くのファンを獲得し大成功しました。その成功の裏には，普通のタクシー会社では行わない業界常識を覆す画期的な経営戦略がありました。

■＜事例＞　中央タクシー／若い経営者の斬新な発想で業界に新風！

　タクシー業界は一見，経営革新の起こるところがほとんどない業界と思われるが，中央タクシーは業界の常識を覆すあり得ない手法で「素晴らしい接客対応ができる乗務員軍団」を作り上げて，業界を驚かせた。中央タクシーはタクシー乗り場や流しでは滅多に見かけない。なぜならコールセンターへの配車依頼率が90％もあるからだ。これほど人気がある理由は，乗務員全員が親切であるからだという。ただ，その親切さとは，普通イメージするタクシー乗務員のサービスをはるかに超えるものである。

　中央タクシーの宇都宮社長宛てには，「乗務員にこの上もなく親切にしてもらった」という感謝とお礼の手紙が多数届く。わずかなタクシー利用時間の間に，お礼の手紙を書くほどのこととは一体何があったのだろうか。通常，乗務員が乗客に対して行う丁寧なサービスというとイメージされるのは，「ドアの開閉の補助」「雨の日に乗降時の傘を差すサービス」などであるが，宇都宮社長宛てに届いた実際のお礼の手紙とは次のようなものである。

●当社乗務員が行う驚きのサービスの事例

【事例①】　長野駅から戸隠神社まで遠距離乗車をしていた客が，途中車酔いし

て車中でいきなり吐いてしまった。その客は嘔吐物で汚した自分の衣服を袋に詰めて，捨てておいて欲しいと乗務員に頼んで車を降りた。ところがその乗務員は，お客の衣服を捨てずに自分の判断でクリーニングに出して，その客が泊まっているホテルのフロントに届けた。その客はとても感激し，宇都宮社長宛てに感謝の手紙を書いたが，その乗務員は困った人を助けただけと特に社長に報告しておらず，宇都宮社長はその手紙で初めてそのことを知った。

【事例②】　結婚式参加のため早朝に東京から来た母子がタクシーに乗ったが，長野市が思いのほか寒く，半ズボンで来ていた子供が震えていた。母親が衣料店に寄って欲しいと頼んだが，まだ朝早くて店は開いていなかった。仕方なくその母子はそのまま教会に向かったが，その運転手は母子を降ろした後，開店した店に戻り子供の衣料を買って教会に届けた。その母子はびっくりしてこの上なく感謝した。後に会社宛てに感謝の手紙を出したが，この件も報告がなかったので，宇都宮社長は手紙で初めて知った。

　この2人の乗務員は当たり前のことをしただけ，と特に社長に報告していなかった。他にも同様の事例が多数ある。上記のような中央タクシーの乗務員が行うサービスは，普通イメージする「ドアの開閉サービス」「傘差しサービス」とはまったく異なるもので，例えば「電車の中で年配の人や妊婦さんに席を譲る」，「ベビーカーを押しているお母さんに手を貸してあげる」といった行為と同じヒューマニズム溢れる行為である。これが宇都宮が目指した「**運送業としてのタクシー会社ではなくサービス業としてのタクシー会社**」であった。

●**どうしたら良いか？　悩んで考えているうちに常識を超えた！**

　宇都宮は大学卒業後，父の経営するタクシー会社にしばらく勤務したあと，独立して中央タクシーを創業した。乗務員は最初，業界慣行通り経験豊富な人を集めた。しかしその乗務員たちの勤務態度は酷く，お客を乗せている時でも横柄な言動をする有り様だった。宇都宮社長が態度を改めるよう指導しても，経験豊富な乗務員はまったく耳を貸さなかった。タクシー業界は，一般的には業務経験の長いベテラン乗務員が幅を利かせていて，タクシー会社の転職回数

を自慢し合うような風土があった。宇都宮社長が「サービス業としてのタクシー会社を作りたい」と経営理念を説いても，このような集団の中では多くの乗務員は社長よりベテラン乗務員のいう話を聞き，なかなか社長の方針は浸透しなかった。まさに「鯛は頭から腐る」の諺どおりの状況であった。

　宇都宮はやむをえず大胆な策を取ることにした。ベテラン乗務員を一掃し，新規の乗務員募集の条件を「**未経験者のみ**」として組織を全面入れ替えることにしたのである。

　これはタクシー業界ではあり得ない常識破りの発想であった。なぜなら通常タクシー業界においては，乗務員採用にあたってはタクシー運転に必要な２種免許を保有している「経験者を採用する」のが常識であり，なおかつ経験者であれば地理勘もあり即戦力となるからだ。未経験者であれば２種免許を取れる運転適性があるか，地理習得はできるかなどの育成リスクがある。したがって「未経験者しか採用しない」というのは，タクシー業界では「ありえない常識破りの非常識な発想」であった。宇都宮本人も成功する自信はなかったが，理想の実現のため，やむなく一か八かでチャレンジしたのであった。

　宇都宮はこの**未経験者集団**に対し，自分の考えである「運送業としてのタクシー会社ではなくサービス業としてのタクシー会社」の理念や，「**サービスが先，利益は後**」の精神を一から徹底して教え込んだ。

　また，乗務員同士の繋がりを強める対策も講じた。乗務員は仕事中には１人だけになり，乗務員同士のコミュニケーションが取りづらくなる。コミュニケーションを促進することで求める集団が作れると考え次の対策を講じた。

①乗務員をチーム分けし，事務所で一緒にいる時に，できるだけ仲間意識を醸成できるようにチーム単位で出陣式などの集団行動を行わせた。

②乗務員同士の会話が弾むように話題提供をする効果を狙って，運転中に起こった出来事や身の回りの近況を壁紙に張り出し，仲間に知らせる仕組み（「ハートフルカード」）を導入した。

　未経験集団にこれらの指導が浸透し，乗務員同士のコミュニケーションが進み，関係も親密になっていった。これに伴って，乗務員が前掲の事例のような振る舞いを行うようになった。こうして宇都宮は自身が目指した「サービス業

としてのタクシー会社」，「サービスが先，利益は後」，「困っている人を助ける乗務員集団」を見事に育てあげた。常識破りの一か八かの試みが大成功した。こうして宇都宮はタクシー業界にイノベーションを起こした（参考文献：『山奥の小さなタクシーが届ける幸せのサービス』）。

＜解説１＞　業界常識を破るイノベーターに既存業界からの激しい嫌がらせの嵐

　業界常識を破るイノベーターは往々にして既存業界から異端児扱いされ，嫌がらせを受けるケースが見られます。宇都宮氏も長野市のタクシー事業協同組合から「過剰なサービスはするな。お客が他のタクシー会社にも同様のサービスを求めるだろう。」などと毎月の組合の会議で叱責されたといいます。しかし利用者の評判が地元マスコミに取り上げられ多くの人から支持を得ると，反対勢力側も中央タクシーの行うサービスを認めざるを得なくなりました。

＜解説２＞　「イノベーションは若者，よそ者，窮地に立った者から」

　「画期的なイノベーションは若者，よそ者，窮地に立った者から」という言葉がありますが，創業時の宇都宮はこの言葉の「**若者，窮地に立った者**」に該当します。また反対勢力に屈しない「**強い信念の持ち主**」でもありました。

【成功ベンチャーの事例のまとめ】

1. 「若者」「窮地に立った者」が常識を覆したビジネスモデルを編み出した。

2. サービス業としてのタクシー会社を作り上げた。

3. 創業者は激しい抵抗勢力にも挫けない強い信念を持っていた。

【中央タクシーで見られた経営戦略（ビジネスモデル）】

①業界慣習を覆したビジネスモデル，②規制緩和戦略（タクシーの料金規制緩和をいち早く導入）

27 キュービーネット：絞り込み型ビジネス戦略

■理容業界のイノベーター

　次は**理容業界のイノベーター**「カット専門店 QB ハウス」を運営するキュービーネットホールディングス㈱（渋谷区，以下キュービーネット）です。同社は，理容業界で長年変わることのなかった理容サービスの流れを大胆に見直して「カット専門店」を作り，理容業界に革新を起こしました。創業者の小西国義は，逆風を受けながらも全国に FC 展開しました。この QB ハウスは，それまで理容店のサービスは時間がかかることに不満を感じていた消費者の間で評判になり大ヒットしました。同社の絞り込み型ビジネスモデルは，後年フランスの経営学者により**「バリューイノベーション戦略」**と命名されました。

■＜事例＞　キュービーネット／よそ者が大胆な発想で業界に新風！

　理容業界はもともと家族経営の小規模店舗が多く，サービス内容も長年変わらず，改革は起こらない業界と見られていた。そのサービスの流れは，「①髪をカット → ②洗髪 → ③ドライヤーで乾かす → ④リクライニングシートをフルフラットに倒して髭剃り → ⑤シートを戻して肩をマッサージ → ⑥整髪料を付けて仕上げ」で，所要時間は 30 分から 1 時間程度かかり，料金はキュービーネットが創業したバブル時代で 3,000 円～5,000 円くらいであった。

　当時，理髪店のサービスで多くの消費者が不満だったのは，「とにかく時間がかかる」ということであった。特に週末は混雑し，週末にしか散髪にいけないサラリーマンは，最も混んでいる時だと店に入ってから出るまでに 2 時間以上もかかり，貴重な休日が半日も潰れることもザラにあった（→ 業界に対する不満が充満し，「潜在的マーケットニーズ」が蓄積）。

　多くの人がこの状況は変わらないものと諦めていたが，これを解消しようと取り組んだのが，当時，医療機器販売で全国を回っていた小西国義であった。

小西は出張先で理髪店に入ることも多かったが，このサービスが全国どこでも変わらないのに疑問を感じ，時間がない人向けに短時間で終わる理髪店があってもいいのではと考え，「**カットのみ10分散髪店**」の構想を立てていった。それは前記の理髪店のフルサービスの流れの中で，①カットのみに絞り，②〜⑤を削除するという工程の大胆な見直しであった。カットのみにすることで，所要時間を10分で済ませることができると考え，それに合わせて，値段も大幅に下げて1,000円とし，「10分1,000円散髪」のビジネスモデルを作り上げた。
（注）このビジネスモデルは，「**絞り込み型ビジネスモデル**」「**時間短縮ビジネスモデル**」「**価格破壊（低価格化）のビジネスモデル**」にも該当する。

＜解説1＞　創業前に完成度の高い事業計画を策定し，一気に多店舗出店

　もう1点，小西の行動で素晴らしかったのは，事業開始前の段階で，FC展開を前提とした，細部まで考え抜かれた完成度の高い店舗モデルを作り上げたことです。

【完成度の高い店舗モデル（事業計画）】

①10分で終えるため洗髪の工程を省き，洗面台を撤去した。水を使わないので水道は引かないことにした。その代わりに髪の切りくずを吸い取る吸引機（エアウォッシャー）を導入した。

②髭剃りを省いたためリクライニングシートが不要になり簡易な椅子にした。

③店員と客とのお金のやり取りを省くため自動券売機を導入した。

④その自動券売機を回線で本部に繋ぎ，本部で売上管理ができるようにし，各店舗での店長の日々の売上管理を省いた。

⑤待ち時間が外からでもわかるよう，店頭に混雑度を示す3色のサイン行燈を付けた。

⑥床に落ちた髪の毛をバキュームで吸う装置を設置した。

⑦多店舗展開を想定して外観を統一した。

　以上のような詳細な店舗パターンを，事業立ち上げ前に作り上げたことで，創業直後から「カット専門店QBハウス」を一気にFC展開することができ，瞬く間に全国展開しました。

<解説2> 既存業界から激しい反発の嵐が起こる

しかし，ここでも業界常識を破ったイノベーターに対して，既存業界から激しい反発が巻き起こりました。既存業界が「QBハウス」に一番激しく反発した理由は，当時バブル期で理髪店の相場が3,000円～5,000円位まで値上がりしていた時に，いきなり1,000円散髪店を作り，ヒットしだしたことで，既存業界は値崩れを恐れ激しく反発したのでした。

その反発は，シャッターへの落書き，嫌がらせ電話，カギ穴に接着剤が詰められるなど陰湿なものから始まり，遂には業界団体を挙げての反発運動が巻き起こるまでに発展しました。業界団体は各自治体の議員に「水道設備のない散髪店は不衛生であり出店禁止にする」条例を制定するよう働きかけ，実際にいくつかの自治体が条例を制定しQBハウスを締め出すまでになりました（→ QBハウスは洗髪を省き水道を引いていなかったところを突かれた）。

しかし，このような既存業界団体から激しい反発を受けつつも，小西は信念を曲げず自らの構想を押し通し，全国への店舗展開を進めて行きました。これができたのは，消費者の大きな支持があったからでした。マスコミもQBハウスを好意的に取り上げました。次第にキュービーネット以外にも1,000円カット店が現れるようになり，また既存の理容店にも「カットのみコース」を設けるところが出てくるなどしたことで，業界側もこの流れを止めるのはむしろ不利と認めるようになり共存を探る方向に変わっていきました。そして規制した自治体も次第にその規制を緩和していきました。

現在は従来のサービスを行う店舗と1,000円カットの店が併存する形で着地しており，消費者にとっても選択肢の幅が増え，TPOに応じて色々な店舗を選べるという理想的な形になっています。

<解説3> キュービーネットは新たな「経営理論」誕生の題材になった

QBハウスのビジネスモデルは，「サービス内容を減らし価格を下げつつ，顧客満足度を高める」という逆説的な経営手法で，新しい経営理論（**ブルーオーシャン理論**）誕生の1つの参考事例になりました（→ 詳細は次項「バリューイノベーション戦略」）。

＜解説 4 ＞　「イノベーションは若者，よそ者，窮地に立った者から」

　キュービーネットの「カット専門店」は大胆な発想のビジネスモデルでした。小西は，「画期的なイノベーションは若者，よそ者，窮地に立った者から」でいうと，「**よそ者**」に該当します。よそ者だからこそ，従来の慣習に囚われず，画期的で新たなビジネスモデルを発想できたといえます。また反対勢力を相手に自分の信念を押し通した「**強い信念の持ち主**」でもありました。

【成功ベンチャーの事例のまとめ】

1. 「よそ者」が常識を覆したビジネスモデルを編み出した。
2. マーケットの不満を感じ取り，それを解消するビジネスを作った。
3. サービスを削減して，顧客満足度を上げるビジネスを創出した。
4. 創業者は激しい抵抗勢力にも挫けない強い信念を持っていた。

【QB ハウスで見られた経営戦略（ビジネスモデル）】

（※ QB ハウスは多くのビジネス戦略のキーワードに該当する）

①業界慣習を覆したビジネスモデル，②絞り込み型ビジネス，③時短ビジネス，④価格破壊ビジネス，⑤規制緩和ビジネス，⑥消費者ニーズとの大きなズレを埋めたビジネスモデル，⑦シュンペーターの「担当者変更型」ビジネスモデル，⑧バリューイノベーション理論，⑨徒弟制度の見直し（カットスクールの創設）

28 （補講）バリューイノベーション戦略

　バリューイノベーション戦略は，チャン・キムとレネ・モボルニュが著書『**ブルーオーシャン戦略**』の中で提唱した，新市場を創造するための手法を説明した概念です。キュービーネットはこの概念を思い付くヒントになった企業の１社といわれ，同書に事例企業として取り上げられています（同書126頁）。

　この理論の出発点は，「ある企業がそれまで業界で定着しているサービスの工程の一部を削減しながらも，顧客に新たな価値を提供し，顧客満足度を高める戦略」があるというものです。

　通常，定着しているサービスを一部削減することは顧客満足度を下げるものと思われますが，所要時間の短縮や，操作の簡易性，手軽さ，利便性の向上，小型化，携行性などといったそれまでにない「新しい価値」を創出することで，逆に顧客満足度の向上に繋がるケースがあります。

　さらにその時，「価格」に注目すると，通常サービスを一部削減することは，「価格低下」を伴うのが一般的であり，つまりこの２つを繋げると「サービスを一部削減して価格を下げながら顧客満足度を向上させる」という逆転的な現象が起こります。これがバリューイノベーション戦略の骨子になります。

　そして実際にこの効果を得るために削減するサービスを見つける手段として挙げられているのが「**４アクション（別名：ERRC）**」です。これを使ってサービスを見直し，バリューイノベーションを起こせる新たなビジネスモデルを探っていくことになります。

＜**４アクション（ERRC）**＞

①【Eliminate】（取り除く）……既存のサービスから削減するもの。

②【Reduce】（減らす）……既存のサービスから減らすもの。

③【Raise】（増やす）……既存のサービスに増やすもの。

④【Create】（付け加える）……既存のサービスに付け加えるもの。

　なお，このバリューイノベーション戦略は，当該製品・サービスがPLC（Product-Life-Cycle）でいう「成熟期」に達しているケースで効果があります。またこれは「絞り込み型ビジネス」「引き算ビジネス」に該当し，「破壊的イノベーションの中のローエンドイノベーション」と類似の発想になります。

図表4−1　QBハウスの4アクション（ERRC）

取り除く（Eliminate）	新規設置（Create）
・洗髪	・エアウォッシャー
・洗面台，髭剃り，肩もみ	・自動券売機の導入
・会計時のお金のやり取り	・売上は通信で本部で一括管理
・各店舗での会計管理	・簡易椅子
・トイレ，電話	・待ち時間の屋外行灯
・リクライニングシート	・備え付け吸引掃除機
減らす（Reduce）	**増やす（Raise）**
・施術時間（10分）	・店舗を全国展開
・価格（1,000円）	
・待ち時間	
・フロアーに落ちた髪の毛の箒掃除	

（筆者作成）

■バリューイノベーション戦略の他社例

●カーブス（女性向けフィットネスクラブ）

　従来，フィットネスクラブでは「①運動器具ルーム，②ロッカールーム，③プール，④トレーニングルーム，⑤浴室」などを完備していたところから，③以降をカット（→ 取り除く操作）し，⑥女性のみ限定，⑦30分のみ，を追加（→ 付け加える操作）して手軽な施設を作り上げ人気が出た。

●ティファールの湯沸かし器

　従来の湯沸かしポットのフルサービス機能である「①湯沸かし，②保温，③カルキ抜き，④見守り機能」他から，②以降をカット（→ 取り除く操作）し，⑤短時間でお湯を沸かせる，を追加（→ 付け加える操作）して人気商品となった。

●ソニーのウォークマン

　従来のカセットテーププレイヤーの「①音楽再生，②ステレオ再生，③スピーカー，④録音機能あり」から，③以降をカット（→ 取り除く操作）し，⑤小型化，⑥イヤホンでのステレオ再生を追加（→ 付け加える操作）して大ヒットした。

29 ダイソー：新業態創出戦略

■世界も評価「日本版100円ショップ」を事業創出したアントレプレナー

　「日本版100円ショップ」のダイソーは世界的に珍しい形態の100円ショップです。ダイソーの経営会社である㈱大創産業（広島県）は，矢野博丈が一代で築き上げた会社で，現在，店舗数は国内4,000店舗超，海外2,000店舗超と大成功しています。ダイソーの100円ショップの特徴は，「生鮮品以外は何でも揃う豊富な品揃えと，100円の割に品質の高い商品を揃えている」という点で，海外にも1コインショップはありますが，ここまで充実した品揃えをしている店はなく，これが「日本版100円ショップ」ダイソーの特徴となっています。矢野が独自に開発した日本版100円ショップは，今や生活に欠かせない業態になり，百貨店，スーパー，コンビニに次ぐ「第4の小売業態」になったとも評価されています。矢野は**世界初の日本版100円ショップを生み出した事業創造型イノベーター**といえます。

■＜事例＞　ダイソー／失敗の連続の末に新業態を設立

　矢野は元来アントレプレナーシップ精神を持つ人で，学生時代にも起業した経験があったが，その会社は上手くいかず，大学卒業後，一般企業に就職した。しかし，そこも長続きせず転職を繰り返し，9回目の転職で辿り着いたのが「移動販売業」であった。

　この移動販売業で細々と生計を立てていたある日，「これいくら？」と顧客に聞かれた矢野は，仕入れ値がわからなくなり，「えーっ，もう全部100円でええわ！」と全商品を100円で売ることにした。これが矢野が「100円均一ショップ」を作った出発点である。

　こうして100円均一方式で移動販売をしていたある日，店頭に来ていた客同士が，目の前で，「ここでこんなものを買っても安物買いの銭失いだ」と会話

しているのを耳にした。この言葉はそれまでも何度か聞いていたが，その時は嘲笑われているように胸に刺さった。「よしっ，それなら儲けより人に馬鹿にされない良い商品を作ってやろう」と，持ち前のアントレプレナー魂に火が付いた。確かにそれまでの取扱商品は，他の100円販売店と同じく，倒産品・二流品などで仕入れコストを抑えていたが，この時から業界の平均的粗利水準は無視して，利益は減っても少しでも良い商品を開発することを目指した。

　こうして作った高コスト・高品質商品を店頭に並べると，これが瞬く間に客の評判を得た。「これが100円⁉」「これでたった100円なの⁉」と顧客の反応が一変し，商品もよく売れ出した。お客の反応が良いのを見て，最初店頭のスペースを売り場として貸していたスーパーマーケット側も，「矢野さんのところの100円ショップは他とは違う」と驚き，店の外から店内に招き入れて催事コーナーを用意した。しかしその後も客足が好調なのを見て，今度は不定期の催事コーナーから常設コーナーを用意し，遂には最上階のフロアを用意するまでになった（注．小売店では最上階に集客力のある店舗を置くのが常道となっている＝「**シャワー効果**」）。

　そのうちにダイソーの評判は他のスーパーにも広がり，最初のスーパーイズミ広島店から，ニチイ（現マイカル）広島支店，イトーヨーカドー北千住支店へと広がっていった。その後も評判は衰えることなく，ダイソーは全国に店舗を広げていった。現在はスーパー，ショッピングセンターのキーテナントとして欠かせない存在となり，立場が逆転して小売店から出店要請を受ける側になっている。

　なお矢野の場合，ビジネスモデルの立案は「事前にビジネスモデルを練り上げて事業を始めたもの」でなく，「走りながら作り上げていった」のが特徴といえる（参考文献：『百円の男　ダイソー矢野博丈』）。

＜解説１＞　良い商品作りで「わざわざ買いに行く100円ショップ」へ

　現在，ダイソーがお客に評価されている点を挙げると次のようになります。「一つ一つの商品が100円の割に高品質」，「生鮮食品を除くあらゆる分野の商品がある」，「便利なアイデア商品が多い」，「自社開発に力を入れ，ダイソーで

しか買えない商品がある」などです。一言でいうと「100円の割に良い商品が多い」となります。ダイソー側からいうと「低価格高品質戦略」です。

　現在，ダイソーの商品は，99% が自社開発商品となっています。1日20社以上の企業が，商品サンプルをもってダイソーに商談に訪れます。ダイソーはこれらの業者と新商品を企画開発し，月700点以上を作り出しています。現在，ダイソーの取扱商品は7万アイテムと膨大な点数になっています。

　高品質の商品を，100円という低価格で提供できるのは，大量店舗を背景とした一括大量購入できる**バイイングパワー**があるためです。そのボリュームは，多いときには**1商品当たり100万個**にも上る膨大な量になるといいます。

　ダイソーはこのバイイングパワーを活かし，ダイソーでしか買えないユニークな商品を品揃えし，「ついで買いの100円ショップ」ではなく，「わざわざ買いに行く100円ショップ」を作り上げたのです（参考：「**最寄品**」「**買回り品**」）。

＜解説2＞　「イノベーションは若者，よそ者，窮地に立った者から」

　ダイソーの矢野は，「画期的なイノベーションは若者，よそ者，窮地に立った者から」でいうと，「**窮地に立った者**」に該当します。最初に，移動販売で二流品を100円均一で販売していた時に，お客の陰口に深く傷ついた矢野が，失意のどん底でお客を見返してやろうと，「100円でできるだけ良い商品を作ってみせる」と，利益は二の次で品質向上に突き進んだ。この行動が図らずとも画期的な日本版100円ショップを生み出すことになりました。

＜解説3＞　矢野は走りながらビジネスモデルを作り上げた！

　矢野が日本版100円ショップのビジネスモデルを構築したのは，上述のとおり，事前にビジネスモデルを練り上げて事業開始したのではなく，事業を進めながら徐々に作り上げていったことがわかります。これは前項のQBハウスが完成度の高い事業計画を作り上げてから事業開始したのとは対照的です。

　この新事業を立ち上げる時点での「ビジネスプランの完成度」の点から，これまでの事例企業を分類整理することができます。

【起業時のビジネスプランの完成度】

①完成済み：QB ハウス

　→ マーケット調査も実施済み

②未完成：ダイソー

　→ 事業を進めながら完成度を高めていった

【成功ベンチャーの事例のまとめ】

1. 「窮地に立った」矢野が常識を覆したビジネスモデルを編み出した。
　①高い原価水準，② 100 円で高品質商品，③豊富な品揃え

2. 商品構成のうち自主企画商品が 9 割を超え，ここでしか買えない商品や便利商品・アイデア商品を多数揃えた。「これで 100 円！」と消費者に驚きを与える商品作りに成功した。

3. 取扱商品分野も広げワンストップショッピングができる 100 円ショップにした。

4. 圧倒的な大量発注でバイイングパワーを発揮した。

5. 「ついで買いの 100 均」から「わざわざ買いの 100 均」になった。

6. 流通業界第 4 の業態（百貨店，スーパー，コンビニの次）となる 100 円ショップを確立した。

【ダイソーで見られた経営戦略（ビジネスモデル）】

①価格破壊ビジネスモデル，②低価格高品質ビジネスモデル，③ワンストップショッピングビジネスモデル，④超大量発注低価格仕入れビジネスモデル，⑤新業態創出ビジネスモデル

30 しまむら：低価格をコアコンピタンスとする戦略

■低価格アパレルショップのイノベーター

　㈱しまむら（さいたま市）は婦人衣料，子供衣料，紳士衣料，肌着・靴下，服飾雑貨，靴から，最新トレンドファッション，フォーマルウェアまで衣料品全般を，**超低価格**で販売する業界のイノベーターです。店舗は郊外のロードサイドショップ型の形態を中心に全国に 1,421 店舗（2022/2 末）あり，業界国内トップの店舗数を展開しています。売上高もユニクロに次ぐ国内第 2 位，世界でも第 9 位（2021 年度）とトップ 10 に入るほどの規模になり，大成功しています。同社が「破格の低価格」を実現した裏には考え抜かれた画期的な経営戦略があります。

■＜事例＞　しまむら／業界常識を覆して新風を送る

　「しまむら」の成長の軌跡を理解するには，店舗を全国に拡大した第 1 期と，その後の現在に繋がる第 2 期に大きく分けてみるとわかりやすい。

●第 1 期「ロードサイドのカテゴリーキラーショップ」の確立期

　第 1 期は店舗拡大期で，1980 年（昭和 55 年）に群馬県に第 1 号となるロードサイドショップ店を出店して以降，全国に店舗を拡大していった時期になる。この時期は前 25 項で学習したロードサイドベンチャーの成長期に該当する。当時，しまむらは，ロードサイドベンチャー共通の特色であった「カテゴリーキラーショップ」として「日常衣料品で豊富な品揃えを訴求した店」を出店した。しまむらはロードサイドの平屋のゆったりした店舗に，上記のような幅広い衣料品を揃え，超低価格の価格設定で，**家の近くの激安ロードサイド総合衣料店**という店作りをして人気を呼んだ。

●第2期「買取仕入れを支える驚異の超高速商品回転戦略」確立期

第1期で店舗数を伸ばして，仕入購買力も高まったところで，しまむらは，「低価格商品の開発」をより強固にする体制を構築していった。

まず店舗数が増えたことで，本部でまとめて一括発注する量も**1万着を超える規模**になり，このバイイングパワーを活かした超大量発注で，仕入れコストを一段と下げられるようになった（＝**本部一括仕入（セントラルバイイング）**）。

次にこのバイイングパワーを背景に打ち出した独創的な戦略が，商品仕入れ業者に対する「**完全買取制**」の導入宣言であった。

かねてより，アパレル業界では，売れ残った商品を仕入れ先の製造メーカーに返品する，「**売れ残り商品の返品制度**（＝**消化仕入（売上仕入）**）」という取引慣行があったが，しまむらはこの慣行を改め，「**完全買取制**」（＝**買入仕入**）に切り替えることを宣言した。

これはしまむらとしては経済的なメリットを狙ったものであった。つまり製造メーカーは，返品制をとる店に商品を卸す際には，返品予想分を見込んで納入価格を高めに設定するのが通例となっていたため，完全買取制（＝返品しない）を宣言することで，その上乗せ分相当の値段を下げられると考えたのである。

ただその際の問題は，しまむらが「完全買取」した商品をすべて売り切れるかどうかで，もちろんこれは容易にできることではない。これが簡単にできるのであれば，どこの会社でも行っているはずである。勿論売れ残りが出れば，しまむら側の不良在庫となり，その商品廃棄コストが跳ね返って，結局仕入コストは安くならない。そこでその難題である「売り切るための戦略」として，しまむらは次のような独創的な対策を講じた。

(1)　まず「仕入れた商品を1カ月で売り切る」という超高速商品回転を目標に掲げた。

(2)　(1)達成のため，「1つの店舗に1アイテム1点のみしか店頭陳列しない」という**売り切れ御免商法**を導入した。

　　※例えば東京都郊外のA店では茶色のジャケットをLサイズ，Mサイズ，Sサイズの各1点のみしか店に陳列しない。

(3)　さらに，本部で店舗ごとの商品の在庫状況を細かく把握し，陳列2週間程

度で店舗ごとの未販売の商品を把握し，すでに商品が売れてしまって，店頭在庫がなくなっている店舗に売れ残り商品を移す「**移送制度**」を導入した。

(4) この「**移送**」の指示は，本部の**コントローラー**という役割の人が，パソコンにて「全店舗の商品ごとの販売状況一覧」を確認しながら行う。

　※例えば，上記(2)の商品を，各店舗に一斉陳列してから2週間後に，東京都郊外のA店ではLサイズが売れてなくなったが，B店ではまだ売れ残っているといった場合，B店の商品をA店に移す指示を本部が出し，指示を受けたB店はすぐにA店向けに商品発送を行う。

　しまむらは，以上のような独創的な制度を編み出し，1ヵ月をめどに売り切ることに成功した（参考文献：『しまむら逆転発想マニュアル』）。

<解説1>　上記(2)の「売り切れ御免商法」は「機会損失」にならないか？

　ところで，上記(2)の「各店舗での商品陳列点数を1点に絞るという戦略」については，もっと陳列点数を増やした方が売上が上がるのではないか，つまり販売チャンスを逃しているのではないかという**機会損失**の問題が出てきます。この点についてしまむらは，「確かに**機会損失**はあるかもしれないが，逆に陳列点数を増やすと，売れ残りが発生するリスクもある。もし売れ残りが出れば廃棄コストがかかり，結局それが商品価格に転嫁されて低価格が維持できなくなってしまう。これは出来るだけ避けたいと考えている」としています。「**機会損失か低価格戦略の維持か**」の天秤において，しまむらは「低価格戦略を最大のコアコンピタンス」としている観点から，「**機会損失は捨て，在庫リスクを徹底排除する方が重要**」と考えて，あえて機会損失には目をつぶる戦略を取っています。

(注) しまむらはこのほかにも，業界の悪慣習を正す画期的な「**5悪追放**」を掲げました。それは「**返品制の廃止（買取制の導入）**」の他，「**赤伝票**」・「**未引取の禁止**」・「**再値引きの禁止**」・「**販売応援の禁止**」でした。これらの改革により，しまむらは仕入れ先との信頼関係を強めました。これも仕入れ価格低減に役立っています。

<解説２>　アパレル小売りの２つの形態（仕入販売とSPA）の比較

　仕入販売とSPA（自社企画＆製造＆小売）の各々の特徴の比較は次のようになります。

図表４-２　仕入販売形態とSPA形態の違い

	仕入販売	SPA（自社企画＆製造＆小売販売）
事例	しまむら	ユニクロ　GAP
事業形態	商品を仕入れて販売する	商品を自社で企画，製造，販売する
多店舗のメリット	仕入をまとめることで，バイイングパワーを活かし仕入れコストを下げることが可能となる	店舗数が多いと，大量に製造することができて，製造コストを下げることが可能となる
商品アイテム数の多寡	スポット買取り。定番は少ない。多品種少量。	自社で企画製造。少品種多量。定番あり。少ない型で色彩を増やす。

（筆者作成）

【成功ベンチャーの事例のまとめ】

①「低価格のコアコンピタンス」を実現するためさまざまな策を講じた（全店舗分をまとめて本部で大量一括購入。その上で仕入れ先メーカーに対し完全買取を実行。１カ月で商品を回す超高速商品回転策。１店舗に１アイテム１点のみ陳列。売れ残り商品の店舗間の移送）。

②業界の悪慣習「５悪追放」……「買取制の導入」「赤伝票」「未引取の禁止」「再値引きの禁止」「販売応援の禁止」。これで仕入れ先業者の信頼を獲得。

【しまむらで見られた経営戦略（ビジネスモデル）】

①価格破壊ビジネスモデル，②大量発注低価格仕入れビジネスモデル，③業界慣習を覆したビジネスモデル，④超高速商品回転戦略，⑤機会損失より低価格達成を重視した戦略

31 ワークマン：「高機能と低価格」の両立戦略

■ロードサイド作業着ショップのイノベーター

　㈱ワークマン（群馬県伊勢崎市）は現場作業員の衣料やその関連グッズ（作業服・作業用靴，作業用手袋等）を専門に扱うロードサイド型のカテゴリーキラーとして成功しました。同社の「高機能×低価格」商品は現場作業員の人気を呼び，店舗は北海道から沖縄県まで全国に 979 店舗（2023/2 末）まで広がりました。また最近では事業領域ドメインを一般人のアウトドア向け商品や女性向け商品にも広げ注目されています。同社はアパレル業界で**「高機能×低価格」を**
コアコンピタンスとした商品を開発する業界のイノベーターです。

■＜事例＞　ワークマン／作業服の商品特性を仕入れに活かす！

　ワークマンの成功戦略には，前項のしまむらと対照的な部分がある。表面的には同じアパレル商品を取り扱いながら，しまむらは一般衣料で，ワークマンは現場作業着という違いがあるだけに見える。しかし，衣料品の流行性という観点でみると，しまむらはカジュアルウェアなので常時流行をキャッチアップしていく必要があり，このため頻繁に仕入れをしなければならないが，一方のワークマンは作業着という特性から流行がほとんどなく，頻繁に仕入れしなくていいという違いがある。したがって「仕入戦略」でいうと，しまむらが商品回転を速くしなければならないのに対し，ワークマンはむしろ商品回転を思い切って遅くでき，真逆の戦略を取れるという違いになる。

●第 1 期　「ロードサイドのカテゴリーキラーショップ」の確立期

　ワークマンの 1 号店ができたのは 1980 年（昭和 55 年）で株式会社いせや（現在のベイシア）の一部門として作られた。2 年後の 1982 年に㈱ワークマンが分離され別会社になった。その後の成長のヒストリーは前項のしまむらと同様，店舗を全国に拡大した第 1 期と，独創的な戦略を打ち出した第 2 期に大き

く分かれる。

　まず第 1 期ではワークマンは，ロードサイドショップの普及の流れに乗っ
て，「作業着専門カテゴリーキラーショップ」として店舗を拡大していった。
この期の経営戦略は，他のロードサイドカテゴリーキラーショップと同様，
「作業着に特化して豊富な品揃えを訴求する」ことであった。

　他にこの時期にとった経営戦略としては，①地域特性に合わせた品揃えを工
夫（＝農業が盛んなところでは農作業グッズを充実，林業が盛んなところでは林業グッ
ズを充実），②店舗周辺の法人需要の取り込み（＝店舗近隣の会社のユニフォーム
作り），③特徴ある FC 制度の開発（＝夫婦での経営が原則他），④小商圏戦略，
などがあった。

●第 2 期　「超低速商品回転戦略」「高機能＆低価格戦略」確立期

　そして店舗が全国に広がり一定規模になったところで，ワークマンは独創的
な経営戦略を構築していった。それは作業着という流行を追わなくて良い商品
特性に大きく踏み込み，「今年売れなくても来年売れればいい。来年売れなく
ても再来年売れれば良く，数年かけて売ればいいので数年間は不良在庫になら
ない」ことから，「3〜5 年分をまとめて発注する」ことにした。これにより本
部一括仕入（セントラルバイング）の 1 回の発注量が，「多店舗×数年分」で，
多いと **10 万着**という超大量発注になり，このバイングパワーを活かして破
格の低製造コストを実現した。**「商品回転率」をできるだけ遅くする仕入戦略**
をとったことになる。

　さらにこれだけでなく，中国の縫製メーカーに発注する際にも，製造コスト
の高い都市部の工場を避けて，製造コストの安い地方の工場へ発注したり，さ
らに同じ工場でも製造コストがより安くなる工場の閑散期を見極めて発注する
など，細かい工夫も重ねていった。このような製造方法の工夫で，製造コスト
を下げ，低価格を実現した。

　以上と並行して行われたのが，高機能商品の開発である。そもそも屋外作業
現場では，夏場はより暑く，冬場はより寒く，また雨中の現場があったりと，
厳しい自然環境になる。このためあらゆる面で高機能となっている商品が喜ば
れる。そこでワークマンでは夏はより涼しく，冬はより温かく，大降りの雨で

も浸透しにくく，現場でのひっかけ破れや火の粉に強い生地，さらに滑りにくい靴，釘を踏んでも通さない安全な靴，防刃の手袋等々，顧客ニーズに対応するため，自社開発の高機能 PB 商品の開発に進出していった。

そしてワークマンは，この 2 つを合わせて，独創的な「**高機能かつ超低価格商品**」をコアコンピタンスとした，自社開発の SPA・PB 商品へ展開し，消費者の人気を得ることになった。

●第 3 期　「多角化戦略」への展開

さらに最近になって，ワークマンはそれまでに習得した「**高機能かつ超低価格商品**」の製造ノウハウを，現場作業員向け商品から，一般消費者向け商品に広げる**多角化戦略（水平型多角化戦略）**を展開して，注目されている。

例えば，溶接工向けの耐火性の高い服は火の粉が飛んでくるキャンプ用に転用でき，また大雨に強い耐高水圧のレインコートはバイク用や釣り用に転用できる。つまりこれまでの屋外現場作業員向け商品は，一般人の屋外アウトドアウェア向け用途に転用できることに気づき，ターゲットを**水平拡大した戦略**に打って出て，その専門店として「**ワークマンプラス**」を出店した。

また現場作業員向けの商品は，基本的に男性用であり暗い色彩のものが多く，女性市場が開拓できていなかったが，女性向けの明るいカラフルな商品を増やして，女性市場の開拓にも乗り出した。そしてこの女性市場をターゲットとした専門店「**ワークマン女子**」も出店し，同市場への**水平展開**も進めている。

なお，これらの事業領域拡大のヒントになったのは，SNS で一般ユーザーが，ワークマンの高機能商品は色々な現場で使えて便利だと投稿したことであった。このことから同社は現在インフルエンサーを重視する戦略をとっており，他社ではあまり例を見ないカリスマインフルエンサーを社外取締役に招聘したりもしている（参考文献：『ワークマンかく戦えり』『ワークマンはなぜ 2 倍売れたのか』）。

＜解説＞　成功の要因の 1 つが，特徴のある FC 制度

ワークマンの成功には上記以外にも，独自の魅力的な FC 制度戦略が挙げられます。その特徴としては，「土地建物は本部保有」「夫婦経営」「新店舗立ち

上げ6カ月後引き渡し」「安い立ち上げ費用」「残業なし」「豊富なインセンティブ策」などがあり，FCオーナーに好評な独創的なFC制度がワークマンの成長要因になっています。

【成功ベンチャーの事例のまとめ】

1. 作業着の流行は遅いという特性を利用して，全国店舗の数年分の商品をまとめて発注する「超大量発注による低コスト仕入れ」を実現。

2. 他にも製造コスト低減策を細かく実施（中国への発注の際にも，「地方の工場への発注」，「閑散期のタイミングを狙った発注」などを実施）。

3. 屋外作業用の作業着に求められる高い機能性商品をSPA・PBで開発。

4. 以上を合わせた「高機能かつ低価格商品」のコアコンピタンスを構築。

5. 店舗展開政策では，魅力的なFC制度を構築。

6. 最近では「高機能かつ低価格商品」を水平的多角化し，現場作業員以外のマーケットに進出。

【ワークマンで見られた経営戦略（ビジネスモデル）】

①価格破壊ビジネスモデル，②大量発注低価格仕入れビジネスモデル，③業界慣習を覆したビジネスモデル，④超低速商品回転仕入れ戦略，⑤消費者に「高機能かつ低価格」商品を訴求するビジネスモデル，⑥小商圏の地元ニーズに合わせた品揃え戦略，⑦特徴のあるFC制度，⑧多角化戦略（水平型多角化）

32 丸亀製麺：外食チェーン業界の常識を覆した戦略

■外食チェーンのイノベーター

　㈱丸亀製麺（渋谷区）はトリドールグループの１社で，現在，国内店舗数は828店（2022/8末）と業界最大手のうどんチェーン店になった成功ベンチャーです。創業者の粟田貴也が2000年（平成12年）に兵庫県加古川市に１号店を出店したのが始まりで，同社の成功の裏にはそれまでの外食チェーン店経営の王道（セオリー）を覆した画期的な経営戦略がありました。

■＜事例＞　丸亀製麺／業界の王道を外して大ヒット！

　丸亀製麺の店舗の特徴は，⑴ファストフードのうどん店，⑵カフェテリア方式，⑶店内調理，⑷完全オープンキッチン方式，⑸厨房内に人が多い，などで，なかでも最大の特徴が，⑶「**店内調理**」である。一般的に外食チェーン展開をする際の王道はローコストオペレーションと言われ，なかでも**セントラルキッチン方式**がその中心となっている。セントラルキッチン方式は，多店舗展開する飲食店が，提供する料理の途中までを集中工場（セントラル工場）で作って，それを冷蔵輸送で各店舗に搬送して，各店舗では最後の簡単な仕上げだけを行う形態をいう。セントラルキッチン方式のメリットは，①味の統一が図れる，②各店舗での調理の手間を省ける，③店舗の人員を少なくでき人件費が抑えられる，がある。しかし丸亀製麺はこのセントラルキッチン方式を採らず，むしろ真逆といえる「**各店舗での店内調理方式**」をとって全国展開を成功させ，業界を驚かせた。

　しかも，丸亀製麺が行う店内調理は，「各店舗で小麦粉からうどんを打つ」「天ぷらは各店舗で材料を切って揚げる」「出汁は各店舗で昆布・鰹からとる（多いところでは１日に６回とる）」「ネギ，生姜など薬味は店内でカット」などと材料の仕込みをイチから店舗で行うことを徹底している，いわば「**完全店内調**

理方式」である。このため各店舗での人手がかかり、店舗運営コストが**極めて高くなる**（**損益分岐点売上高が高い構造**）。

　この**高コスト店舗**でどのように利益を出すのか。売上を上げるには基本的には、「客単価 UP」か「客回転 UP」のいずれかとなるが、同社で特徴的なのは後者の「客回転 UP」である。丸亀製麺はそもそも@「うどんというファストフード」、ⓑ「カフェテリア方式」、から基本的に客回転が高い店舗になっている。また、ⓒ注文品と天ぷらの組合せを工夫することで「豊富なメニューを楽しめる」形のため、リピーターの獲得も行いやすくなっている。

　それに加えて、ⓓ同店の特徴である(3)「**完全店内調理**」で打ち立ての美味しいうどんが食べられて、(4)「**完全オープンキッチン方式（フルオープン方式）**」で小麦粉からうどんを打つ工程、てんぷらを揚げる工程、食器の洗い場まですべてを見られてうどん屋の**工場見学**をしているような**ライブ感**を味わえるところが、リピーターを獲得し客回転 UP に寄与している。さらに、ⓔ完全オープンキッチン方式を取ることで、「**明るく開放的な店内**」になり、女性客も入りやすい店舗となっており、@〜ⓔの5点により「高回転店舗」を実現し、「**高コスト店舗を高回転運営で補う戦略**」を編み出した。ちなみに調理現場を見せることでライブ感を出す手法は、粟田が最初に手掛けた焼き鳥屋の時に得たもので、店内調理方式の課題である各店舗の味の統一は「麺匠」が各店舗を回ってチェックしている。

＜解説＞　粟田は「**若者、よそ者、窮地に立った者**」のうち「**若者、よそ者**」に該当します（参考文献：『丸亀製麺はなぜ NO.1 になれたのか？』）。

【成功ベンチャーの事例のまとめ】
1. 外食チェーンの「よそ者」が常識を覆したビジネスモデルを編み出した。
2. 外食チェーン展開のセオリーに反する完全店内調理方式で成功した。

【丸亀製麺で見られた経営戦略（ビジネスモデル）】
①業界セオリーを覆した戦略、②高コスト店舗を高客回転で補う戦略

33 CoCo壱番屋，コメダ珈琲店： 魅力的なFC戦略

■事業アイデアと独創的FC制度で人気の店に

「CoCo壱番屋」（愛知県一宮市）と「コメダ珈琲店」（名古屋市）は，両店とも高い人気を誇る店です。その成功の裏には練られた経営戦略があります。

■＜事例＞　CoCo壱番屋／豊富なメニューと気持ち良い接客で大ヒット！

CoCo壱番屋の人気のポイントは，まず「トッピングが豊富で飽きないこと」，「辛さの程度やごはんの量をデジタル感覚で **10段階刻み** として，かつ **その刻みごとの明朗会計** を設定し注文しやすくした」がある。また従業員の接客もマクドナルドのように気持ち良い接客（ニコ・キビ・ハキ）がどの店舗でも受けられるのも評判が高い。いずれも創業者で苦労人の宗次德二が，自ら喫茶店を経営していた時の経験から作り上げた独創的制度である。

＜事例＞　コメダ珈琲店／時代に流されず昭和風で大ヒット

コメダ珈琲店の人気のポイントは，①「最近のカフェチェーンと違って，**昭和の喫茶店のような内装で寛げる雰囲気を出している**」，②「昔の喫茶店風に **ゆったりとした4人掛けのソファでサイズにもこだわった仕様になっている**」，③「メニューは高齢者にもわかりやすい **昔ながらのネーミング** にしている」，④「注文もセルフ方式ではなく，店員さんが注文を取りに来て運んでくれる昔からの喫茶店風の **フルサービス方式** としている」，⑤「郊外型の店舗では車で来店する人が停めやすいように **広めの駐車場スペースを確保している**」などがある。今日主流となっているカフェ方式の店舗との違いを前面に打ち出した **昭和風の喫茶店のスタイル** が当たっている。

■＜解説＞　この両社の成功には独創的なFC（フランチャイズ）戦略もある。

(1)　CoCo壱番屋

　CoCo壱番屋のFC制度の最大の特徴は，FCオーナーの希望者はまず**FC運営本部の㈱壱番屋（愛知県一宮市）に正社員として入社**し修行を積むことを必須としている点。入社すると直営店で勤務し，給料をもらいながら店舗運営のノウハウを習得し，一定の基準に到達したものだけがFCオーナーになれるという流れになります。具体的にはその基準は，9段階の評価中3等級以上を取ることが必要というもので，3等級に上がれるのは1年間で全体の中で**1割程度**とかなり狭き門となっています。しかも独立までにかかる期間は**平均5年**（早くて2年）です。このように同社のFCオーナー制度は，一種の**のれん分け的なシステム**となっているのが特徴で，CoCo壱番屋のFC店舗間での味の統一と接客水準の高さは，これだけ厳しい基準を通ったものだけがオーナーになっているからといえます（参考文献：『"ココ一番"の真心を』）。

(2)　コメダ珈琲店

　同社のFC制度の特徴は，FC研修に力を入れることで，FC業界の平均的な研修期間の**3倍**の70日もの時間をかけています。またロイヤリティの計算方法について，一般的なロイヤリティの計算は売上連動型（月額売上高×何パーセントの売上高比例）が多いのに対し，コメダは**一席あたり月1,500円**の定額制としています。このため来店客数が一定数を超えれば儲かるというシンプルな仕組みになっていて，これがFCオーナーのインセンティブを高める形となっています（参考文献：『なぜ，コメダ珈琲店はいつも行列なのか？』）。

【**CoCo壱番屋で見られた経営戦略**】

①豊富なトッピング，辛さ・ご飯の量は10段階刻みでデジタル化し，段階ごとの明朗会計，②特徴あるFC制度（のれん分け独立システム）

【**コメダ珈琲店で見られた経営戦略**】

①カフェ方式店舗に対する昭和風アレンジ店舗による差別化戦略，②特徴あるFC制度（FCロイヤリティは座席数比例の定額制）

---

34 シャトレーゼ：「高品質と低価格」の両立戦略

■ロードサイドスイーツショップのイノベーター

　㈱シャトレーゼ（甲府市）はアイスクリームと洋菓子・和菓子などのスイーツをロードサイドの全国628店舗（2022/10現在）で販売するショップとして成功した会社です。同社の商品は，安心・新鮮な素材の使用と，低価格の2点にこだわった「安全安心で安くて美味しい商品」であることが人気の秘訣になっています。そこには創業者齊藤寛のこだわりの経営戦略があります。

■＜事例＞　シャトレーゼ／高品質と低価格にこだわった商品作り

●ビジネススキーム第1の柱「自動生産ラインへのこだわり」

　シャトレーゼの創業は1964年（昭和39年）で，創業者齊藤が，弟の経営していた今川焼店の夏場の売り上げ減少対策として，アイスクリームの製造会社を興したのが始まりである。その後，和洋菓子の製造も行うようになり，現在のシャトレーゼの商品構成「アイスクリーム＋和洋菓子」になった。齊藤は創業後の早い時期に，菓子作りのパティシエの職人技を自動生産ラインで再現することを目指し，業界で初めてシュークリームの全自動生産ラインの開発に成功した。そしてこのラインでピーク時には1日100万個を製造するまでになり，当時，小売価格が1個50円位だったのを10円で売れるようにした。これが評判となり，多くのスーパーやデパートとの取引が始まっていった。それ以来，齊藤は**「スイーツ職人の技を自動生産ラインで再現し，大量生産して低価格で販売すること」**にこだわりを持ち続け，現在でも**自動生産ラインでの菓子製造をシャトレーゼのビジネススキームの第1の柱**としている（→ 表2のコストダウン要因）。

●ビジネススキーム第2の柱「安全・安心・新鮮な素材へのこだわり」

　シャトレーゼのビジネススキーム第2の柱は**「素材への徹底的なこだわり」**

である。同社は添加物を使わない（無添加）か，やむを得ない場合もできるだけ少なくすること（減添加）を徹底している。例えばアイスクリームで多くのメーカーが溶けにくくなる**乳化剤・安定剤**を使うところを使わなかったり，また食パンで多くのメーカーが**保存剤**を使う所を使わなかったりなどである。このため同社のアイスクリーム，パンは日持ちしないが，齊藤はこの点ではコスト高になっても安全面を重視することとした。

　また山梨県は農業県で，新鮮な材料が近場で手に入る地の利に恵まれているのを活かし，同社は材料の鮮度にこだわり，素材ごとに契約農家から調達する体制を作っている（**ファームファクトリー方式**と呼ぶ）。例えば，卵は当日か前日分，牛乳は3日以内のものしか使わない。いちごや桃・ブドウなども近隣の農家と栽培契約し，ヨモギは通常は問屋から仕入れるが，同社は社員が自ら山に入って摘んだ自然のヨモギを使う。桜餅に使う桜の葉はほとんどは輸入品を使うのを，国産のオオシマサクラを使用している。あずきは北海道の契約農家産，くりは熊本の契約農家産を使用し，海外輸入物は一切使わない。このように同社はコストはかかっても**安全・安心・新鮮な素材にこだわりを持った商品作り**を行っている（→　表1，表2のコストアップ要因）。

●ビジネススキーム第3の柱「売り場へのこだわり」

　シャトレーゼのビジネススキームの第3の柱は「**売り場へのこだわり**」である。シャトレーゼは創業当初は和洋菓子・アイスの製造のみを行い，商品をスーパーに卸し，小売りはしていなかった。そして前出のとおり，当時シュークリームの相場が50円のところを，企業努力で10円シュークリームを開発してスーパーの取引先を広げていった。ところがしばらくすると，スーパーからもっと安くしてほしいという納入価格の引き下げ要請をたびたび受けた。齊藤は必死の企業努力によりやっとの思いで業界初のシュークリームの全自動生産ラインを開発して10円シュークリームを実現したのに，それをまったく意に介さずいとも簡単に値下げ要請を繰り返しされたことに嫌気がさした。さらに，スーパーの店舗改装時に協力金要請が来たり，デパート外商から500万円もする高級時計の購入要請があったりと，下請いじめ的な要請を次々と受け

た。この経験から，齊藤は小売店に商品を卸す方式に懲りて，自前の販売店を持たないとダメだとの強い信念を持つに至った。そして当時流行っていたロードサイドショップの形で，自前店舗を作った。それ以降シャトレーゼは自前FC店のみで小売りをすることにし，スーパーやデパートやショッピングセンターなどインショップでは買えない（注．直近では少し方針を変え，卸販売，インショップ出店も見られる）。このこだわりは，小売りを外部に委託する際に発生する「間接販売コスト」や「デパートやショッピングセンターなどへの出店コスト」の削減にも繋がり，コスト削減要因になっている（→ 表2のコストダウン要因）。

●ビジネススキーム第4の柱「問屋を通さず工場直売体制を採用」

シャトレーゼのビジネススキームの第4の柱は，流通の際に間に入っていた菓子問屋を通さず**工場直売**としていることである。これによりそれまで問屋に支払っていた中間マージン34% 分を省くことができ，コストを大きく削減した（→ 表2のコストダウン要因）。ただし，問屋を通さないことで商品を各店舗にデリバリーする機能を失ったことから，**自前の運送体制を構築**することになった（→ 表2のコストアップ要因）。

■＜解説1＞　低価格の実現

シャトレーゼは「安全・安心・新鮮な素材」にはコストを掛けつつも，他でコスト削減し，**トータルとして低価格商品**を実現しています（→ 参考：表2）。

＜解説2＞　現在の店舗形式の経緯

シャトレーゼの1号店は，甲府駅と会社との間の畑の中に出店しました。また**工場直売**として，卸価格と同水準の34% オフの価格設定にしました。齊藤にとっては，成功する自信はまったくない**実験店舗**でしたが，開店日に畑の中に大行列ができ，望外の大成功の結果になりました。

＜解説3＞　齊藤は「画期的なイノベーションは，若者，よそ者，窮地に立った者から」でいうと「**窮地に立った者**」に該当するといえます。

（参考文献：『シャトレーゼはなぜ美味しくて安いのか』）

（表 1）安全・安心・新鮮な素材

卵：卵液＋膨張剤（ふくらし粉）を使わない，当日か前日産の生卵を使用

牛乳：搾乳 3 日以内かつ 65℃ 低温殺菌で 30 分，甘味が残る

アイスクリーム：乳化剤（バターなどの油脂分と水分を混ぜる），安定材の原則不使用

ヨモギ：普通は問屋から仕入れ（輸入物 1 枚 1 円）→ 衛生面でずさんだったことから，当社は社員が自ら山に入って摘んだヨモギを使用（1 枚 10 円）

食パン：数日しかもたない，無添加・減添加が基本

桜餅に使う桜の葉：通常は輸入品を使う（約 97％）が，国産のオオシマサクラ

あずき，くり，イチゴ：北海道，熊本，山梨，静岡の契約農家産を使用

（表 2）「コストアップ要因，コストダウン要因」で合わせて低コストを実現

＜コストアップ要因＞

「高品質食材を使用（他社より 10％ 割高）」「自社でロジスティクス網を保有」

＜コストダウン要因＞

「自動化ラインでコスト減」「工場直売で販売することで問屋に支払うマージン分（34％）を値引き」「自前店舗で販売することでテナント家賃・手数料を削減」

【成功ベンチャーの事例のまとめ】

1. 「窮地に立った者」が常識を覆したビジネスモデルを編み出した。
2. 生菓子のロードショップ FC 店舗で全国多店舗展開した。
3. 高品質材料の使用と低価格商品の両立にこだわり，さまざまな仕掛けを行った。

【シャトレーゼで見られた経営戦略（ビジネスモデル）】

①こだわりの高品質高価格な素材を使って低価格で販売するビジネスモデル

35 旭酒造：日本酒製造業界の常識を覆した戦略

■日本酒醸造蔵元のイノベーター

　純米大吟醸酒で出荷高１位の「獺祭（だっさい）」を醸造するのは旭酒造㈱（山口県岩国市）です。経営悪化した蔵元を引き継いだ桜井博志は，倒産直前に業界常識とまったく異なる画期的な日本酒製造法を編み出して，美味しい純米大吟醸を作ることに成功し，起死回生を果たしました。桜井が編み出した手法は，他の「匠の技で成り立っている会社」でも大いに参考になります。

■＜事例＞　旭酒造／若くして承継したが失敗続きで一旦どん底に！

　創業1770年の蔵元を，桜井が父の急逝で突然継いだ時は，ウイスキー，ワインの需要が高まり，日本酒の市場規模がどんどん縮小するという逆風真っ只中の時代であった。加えて旭酒造は山口県で６位という弱小の蔵元であったため，倒産も噂されていた。桜井はまだ若かったこともあり，立て直しを狙って次々と精力的に対策を打ったがことごとく失敗し，挙句の果てに地ビールレストランの失敗で約２億円の大損失を抱えるに至った。これにより酒造りを担う杜氏（とうじ）も去ってしまい，いよいよ万事休すの状態になった。

●どん底での「一か八かの試み」が画期的なイノベーションに！

　桜井は，手元の資金も底を尽き，杜氏も去ったことでもはや酒造りができなくなり，倒産を覚悟したが，最後に１つだけ以前から気になっていた方策を試してみたいと考えた。それは日本酒造りを季節労働者の杜氏に任せるのではなく（＝製造と販売が分かれている「**製販分離体制**」），自分たち（社員）だけで酒造りができないかというものであった。成功する自信などまったくなかったが，窮地に追い込まれた状況で，ダメもと覚悟で一か八かの挑戦をしたのであった。

　素人の社員だけで酒造りを行うにあたって，桜井は各工程のデータを細かく

取って，それに基づいて酒造をすることにした。例えば，「洗米の工程では，米に吸収される水分量が重要なので『米の重さ』『洗米時間』『水温』のデータ」，「発酵の工程では，麹や米で造った日本酒の醪（もろみ）をどう発酵させるかの『適温』や『水を加えるタイミング』のデータ」，また「仕込み時の『室内の温度・湿度』のデータ」などである。こうして「データ管理に基づいて作った日本酒」は，なんと最高の一品になった。「獺祭（だっさい）」と銘打った日本酒は美味しいと評判になり，一気に売れた。最後の一か八かの一手が逆転満塁ホームランになったのである。

　しかもこの「データに基づく酒造り」には他にも大きなメリットがあった。日本酒製造は寒い時期が仕込みに適しているため，通常，冬場に作られるが（寒仕込），桜井は「室温データ」も取っていたことから，空調で室内を冬の環境にすることで**年中製造**を可能にした。これで年間製造量が大幅に増加し，高価な純米大吟醸酒の**大幅値下げ**も実現した。こうして旭酒造は**データに基づく酒作り**で画期的なイノベーションを起こした。

■＜解説＞　桜井は「画期的なイノベーションは，若者，よそ者，窮地に立った者から」の「**窮地に立った者**」に該当します（参考文献：『逆境経営』）。

　桜井が行った匠の技をデータに落として再現して**見える化**する手法は，他の匠の技を事業のコアコンピタンスとする会社でも大いに参考になります。

【成功ベンチャーの事例のまとめ】

1. 「窮地に立った者」が常識を覆したビジネスモデルを編み出した。
2. 杜氏に頼らず，素人がデータに基づいて美味しい日本酒作りに成功した。
3. 日本酒の冬季製造の常識を覆して年中製造を可能にし，製造量も大幅増加させ，価格の引下げも実現した。

【旭酒造で見られた経営戦略（ビジネスモデル）】

①業界慣習を覆したビジネスモデル，②職人の伝統技をデータ化する戦略

36 グンゼ：多角化戦略の代表企業

■「多角化戦略」のお手本となる会社

　肌着で有名なグンゼ㈱（大阪市）は，業歴126年を誇る老舗企業です。しかし業歴は古くても，経営多角化で次々と新分野に展開し続けてきたアントレプレナーシップの塊のような会社です。グンゼの創業は1896年（明治29年）で，京都府何鹿郡（現，綾部市）に絹糸を作る群是製絲㈱として設立されました。当時，絹糸は日本を代表する輸出品で，業績も好調でしたが，絹糸に代わる化学繊維（レーヨン）の登場で業界は一気に崩壊し，同社も経営危機に陥りました。グンゼはこのピンチを多角化で乗り越えました。以来，同社はさまざまな多角化を行って事業を拡げ，今日に至っています。グンゼは多角化のお手本のような会社です。

■＜事例＞　グンゼ／多角化のお手本ヒストリー

　グンゼの多角化展開のヒストリーは次のとおりである。

① 　同社は創業後しばらくの間は，絹糸が日本の主要輸出品目であったことから全盛を極めたが，第2次産業革命により低価格の化学繊維（＝人絹，レーヨン）が開発されると，業界は一気に崩壊してしまった。このピンチの時，素材製造である絹糸製造から，最終商品であるストッキング製造へと顧客寄りの**川下展開**を果たし見事に生き残った（「**垂直型多角化**」）。

② 　その後10年かけて「ストッキングメーカーのグンゼ」の基盤を築いたが，今度は事業基盤拡大のため，「肌着全般のメーカー」へと**水平展開**した（「**水平型多角化**」，1946年（昭和21年））。

③ 　さらにその14年後（1960年），次は肌着の商品販売時に入れる包装材（＝フィルム包装）を，それまでの仕入れから自社生産に切り替えようと「プラスチック事業部門」を立ち上げた（「**集中型多角化**」）。

④　続いてさらに4年後（1964年），プラスチック事業部門がそれまでなかった新機能（「熱を加えると縮むフィルム」）を発見した。最初は用途がわからなかったが，獲れた蟹を包む包装材や，ペットボトルのカバー包装材，さらに電池，食品などを束ねる包装材など用途が色々と発見され，大ブレイクしていった（＝「集成型多角化」）。また「水滴で曇らないフィルム」を発見してスーパーの「野菜販売用の包装フィルム」を商品化したり，「体内で吸収される繊維」の発見から「手術用の縫合糸」へ応用したり新製品を作り出した。

■＜解説＞　以上のように多角化をした結果，同社の現在の部門別売上高構成は，肌着は46.0％に留まり，プラスチック事業45.0％，ライフクリエイト事業9.0％となっている（22/3期）。グンゼの歴史はこのように見事な多角化の歴史といえる。

　なおグンゼでは，多角化を成功させるコツとして次の3点が代々継承されている。「**①本業が良いときに先手を打って多角化する，②既存事業と関連性のある分野に展開する（水平・垂直・集中型多角化），③社会的インパクトのある事業を行う**」。

図表4-3　多角化戦略の分類

水平型多角化	現在の顧客と同じタイプの顧客を対象にして，新しい製品を投入する多角化。
垂直型多角化	現在の製品の川下や川上に向かう多角化，製造業が販売会社を設立して流通段階に多角化で進出する川下への行動を前方的多角化，製造業が部品・原材料にさかのぼって多角化をする川上への行動を後方的多角化という。
集中型多角化	現在の製品とマーケティングや技術の両方，またはいずれか一方に関連がある新製品を，新たな市場に投入する多角化。
集成型多角化	「コングロマリット型多角化」ともいい，現在の製品と既存市場の両方にほとんど関連がない中で，新製品を新しい市場に投入する多角化を指す。

（筆者作成）

【グンゼで見られた経営戦略（ビジネスモデル）】

①多角化戦略（垂直型多角化），②多角化戦略（水平型多角化），③多角化戦略（集中型多角化）

37 シモジマ，トラスコ中山： ロングテール戦略

■ネットショップ以外でロングテール戦略

　通常，小売店の店頭には「売れ筋商品」しか置いていません。これは限られた店頭スペースの中で売り場効率の最大化を求めて売れ筋商品に絞って陳列しているからです。多くの店舗ではこの「売れ筋商品」，と売上が鈍った「死に筋商品」の入れ替えを常時行っています。ところが小売店の常識と真逆の，何でも商品を揃えることを売りにする戦略があります。Amazon が本のネットショップで行って有名になったこの戦略は，**ロングテール戦略**と名付けられネットショップの代表的な戦略となりました。

　ネットショップでは実店舗を持つ必要がないので，巨大倉庫を数カ所持ち，そこにありとあらゆる商品を保管して全国に発送する体制がとれるため，滅多に売れない本でも揃えて保管できるロングテール戦略をとることができます。

　以下に示す2社は個人向けネットショップではありませんが，商品の豊富さを売りにするロングテール戦略で成功している会社です。この2社はいずれも卸売店発祥という共通点があります。そもそも卸売店（＝問屋）では，小売店からの注文に応じて商品を搬送するため，商品を多く保管しておく流通在庫調整機能を持っています。

■＜事例＞　シモジマ／包装資材のリアル店舗でロングテール戦略

　㈱シモジマ（東京都台東区）は，包装資材全般を扱う老舗の卸売業者で，取り扱う商品は，包装材，紙袋，紐・リボン，透明袋，ラッピング用品，文房具・事務用品などとなっている。来店客は，法人・個人の両方ある。法人関係者は店舗経営者が多く，その業種はさまざまである。

　シモジマが取り扱う各種包装資材のアイテム数は膨大で，総数は15万点以上となっている。例えば「袋」だと，文房具屋が鉛筆を1，2本〜数本入れる

細長い袋，花屋が切り花を売った時に入れる袋，パン屋がフランスパンを売った時に入れる細長い袋など何でもある。「箱」では本屋が図書券を入れる箱，「ビニールシート」では寿司屋が持ち帰り寿司を包むビニールシートなどがある。「透明シート」も，写真・ポストカード用などのサイズ違いを豊富に揃えている。他にもたこやき屋が使う船皿も普通の8個用から，小さいサイズの4個用，2個用，さらには1個用まで取り揃えている。お客が商品を探しに来て取扱いがないとわかった商品は，すぐに仕入れて揃える。「包装資材に関しては何でも揃っている店」を経営理念に，リアル店舗を全国に約270店舗も展開しながら，ロングテール戦略を進めている。

＜事例＞　トラスコ中山／AIを使った在庫管理でロングテール戦略

　トラスコ中山㈱（港区新橋）は，機械工具などの工場用副資材の卸売を扱う会社である。同社はプロ向け卸売業者・小売業者として，約276万点という膨大なアイテムを揃え，なおかつ約56万アイテムは常時在庫保有し，即時に納品できる体制を整えている。同社はその在庫の品揃えの豊富さにこだわり，中には2年に1回しか出ない珍しい商品も揃えている。

　同社のロングテール戦略が一段と進んでいるのは，この膨大な取扱商品の1つ1つについて「適正在庫数量」を推定計算してその量だけを保有するというもので，それは，自社が保有する大型コンピュータを使って向こう1年間の販売見込み数をAIで推定計算するという本格的なものになっている。例えば，この計算で，A商品の適正在庫量は753個，B商品は2個などと計算され，その量だけを在庫保管することになる。この推定計算はほぼ当たるという。同社ではめったに売れない商品でも過剰在庫にならず，適量だけ在庫する「**AIを使ったより進化したロングテール戦略**」を行っている。

【シモジマ，トラスコ中山で見られた経営戦略（ビジネスモデル）】
①ロングテール戦略，②（トラスコ中山）AIを使った適正在庫量予測を加えた進化したロングテール戦略

38 （補講）「ABC 分析」，「パレートの法則」

　前項で見た小売店の基本的な商品陳列戦略である「売れ筋を陳列する手法」では，そもそも売れ筋商品をどのように把握するかが問題になります。その把握にあたって，ただなんとなくとか，近隣店舗がやっているからだけでは根拠に欠けます。この「売れ筋商品」と，反対の「死に筋商品」を科学的に把握する方法として **ABC 分析** がよく使われます。この手順は以下になります（右上図参照）。

①各商品の売上高の高いものから並べる。

②全体の合計売上高に占める各商品の売上比率を右側に付ける。

③この売上比率を上から順番に足していく。

④その累計が 70% を超えるものまでを A ランクとし，その後 90% 超になるものまでを B ランク，最後に残りを C ランクとする。

⑤こうして出来た A を **売れ筋商品**，B を **様子見商品**，C を **死に筋商品** とする。

⑥そして「A 売れ筋商品」は積極陳列，「B 様子見商品」は様子見陳列，「C 死に筋商品」は陳列撤収として，商品を入れ替える（右上図，右下図）。

　以上のように ABC 分析を行って「売れ筋商品」「死に筋商品」を把握し，商品の入れ替えを行っていきます。なおこの ABC 分析の考え方のベースになっているのに，**パレートの法則** があります（＝ **8：2 の法則** といわれる。「売り上げの 8 割は上位 2 割の商品によって構成されている」など）。また小売店では，売れ筋商品を目立つところに陳列する手法がとられます（**参考：「棚割」「フェイシング」「ゴールデンライン陳列」「エンド陳列」「アイランド陳列」**）。

　このように小売店では，各店舗の「**売場効率の最大化**」を図り，「**売上の最大化**」に努めています。

図表 4−4 文房具店の 5 月の ABC 分析表

	売　上	売上比率	累計構成比	ランク
ノート	¥748,562	21.6%	21.6%	A
鉛筆	¥659,758	19.0%	40.6%	A
ボールペン	¥542,186	15.6%	56.3%	A
消しゴム	¥453,972	13.1%	69.4%	A
シャープペンシル	¥325,496	9.4%	78.8%	A
サインペン	¥245,681	7.1%	85.9%	B
クリップ	¥215,235	6.2%	92.1%	B
付箋	¥125,496	3.6%	95.7%	C
クリアファイル	¥58,765	1.7%	97.4%	C
メモ帳	¥54,121	1.6%	99.0%	C
定規	¥23,654	0.7%	99.6%	C
のり	¥12,548	0.4%	100.0%	C
合　　計	¥3,465,474	100.0%	—	

（筆者作成）

図表 4−5 ABC 分析グラフ

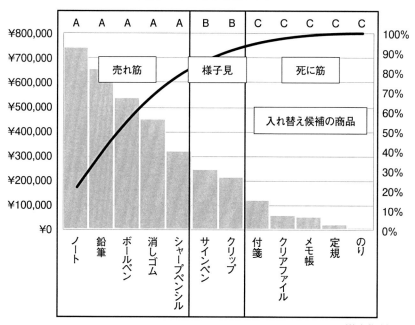

（筆者作成）

39 第4章のまとめ

　第4章で取り上げた成功ベンチャーの事例企業の経営戦略を比較すると，以下のとおりいくつかの視点でまとめることができます。

■ 1. 常識を覆す

　業界常識を覆したことで大きく成長した企業がたくさんありました。多くの企業が業界常識・セオリーを踏襲することで，長年の間に顧客サービスがマンネリ化し，それを飛び越えることで新たな顧客サービスを提供して，手付かずのブルーオーシャン市場をパイオニアとして開拓し，一気に売上げを伸ばしていくというものでした。それまでの業界常識を超えた時に，新しいメリットや価値観が生まれ，それが消費者に受け入れられヒットしたことになります。もっとも大企業では，そのような業界常識を覆す行動を取るには，イノベーションのジレンマが働き，時間がかかりますので，ベンチャー企業にこそチャンスがあります。フットワークが軽く，常識に囚われず果敢に行動できるベンチャー企業こそ，いち早く新たなビジネスチャンスをつかむことができます。

■ 2. イノベーションの担い手のタイプ

　上記と別に常識を超える発想を産み出しやすいベンチャー経営者のタイプとして，「**若者，よそ者，窮地に立った者**」の3つがあります。これらの立場の人は既存の常識に囚われない新しい発想をしやすいものと思われます。

---

①**若者** ……　中央タクシー　宇都宮，丸亀製麺　粟田

②**よそ者**（新参者）……　キュービーネット　小西，丸亀製麺　粟田

③**窮地に立った者** ……　中央タクシー　宇都宮，ダイソー　矢野

　　　　　　　　　　　　シャトレーゼ　齊藤，旭酒造　桜井

■ 3. 従来の常識からの革新度

常識を覆す革新的な手法といえども，その程度により 2 つに分かれます。

① 「コロンブスの卵」的なちょっとした「発想の転換」レベルのもの

　　……「CoCo 壱番屋」

② 従来の業界常識を根本から変えるレベルのもの

　　……「中央タクシー」「QB ハウス」「丸亀製麺」等

■ 4. 起業時の事業計画の完成度

起業時にビジネスモデルがきちんと出来上がっていたかで 2 つに分かれます。

① 起業時点で完成度の高い事業計画を作ってスタートしたケース

　　……「QB ハウス」（準備万端戦法）

② とりあえず思い付きでスタートし，事業を進めながら完成度を高めて

　　いったケース

　　……「ダイソー」「旭酒造」（一か八か戦法）

■ 5. ほとんどの戦略に「低価格」が絡む

最近よく「失われた 30 年」といわれ，物価の適正上昇がみられなかったことが指摘されますが，これを表すかのように，本書で取り上げた成功ベンチャーの事例では**低価格**を売りにして成功している企業が多くありました。

QB ハウス　カットのみで短時間×**低価格**

ダイソー　　高品質商品×**低価格**（これでたった 100 円!?）

しまむら　一通りのウェア×**超低価格**

ワークマン　高機能ウェア×**低価格**

丸亀製麺　（打ち立てうどん＋作り立てだし汁）×**低価格**

シャトレーゼ　（新鮮＋高品質な生菓子）×**低価格**

旭酒造　杜氏職人の日本酒製造の伝承技をデジタル化×**低価格**

【参考文献】

宇都宮恒久（2015）『山奥の小さなタクシーが届ける幸せのサービス』日本能力協会マネジメントセンター

大下英治（2017）『百円の男　ダイソー矢野博丈』さくら舎

溝上幸伸（2001）『ファッションセンターしまむら逆転発想マニュアル』ぱる出版

柳井　正（2006）『一勝九敗』新潮社

黒木靖夫（1990）『ワークマンかく戦えり』ちくま文庫

酒井大輔（2020）『ワークマンはなぜ２倍売れたのか』日経 BP マーケティング

小野正誉（2018）『丸亀製麺はなぜ NO.1 になれたのか？』祥伝社

宗次徳二（2010）『CoCo 壱番屋答えは全てお客様の声にあり』日経ビジネス人文庫

宗次徳二（2020）『"ココ一番"の真心を』中経マイウェイ新書

高井尚之（2016）『なぜ，コメダ珈琲店はいつも行列なのか？』プレジデント社

齊藤　寛（2021）『シャトレーゼは，なぜ「おいしくて安い」のか』ccc メディアハウス

桜井博志（2019）『逆境経営』ダイヤモンド社

正垣康彦（2011）『サイゼリヤ　おいしいから売れるのではない売れているから美味しい料理だ』日経ビジネス人文庫

山口芳生（2016）『サイゼリヤ革命』柴田書店

第5章

製造業系成功ベンチャーの
事例研究

　本章では製造業系成功ベンチャーの経営戦略の事例をみていきます。製造業系企業の場合，サービス業と違って，業界共通の経営課題があります。例えば「特許に関する戦略」や「大企業対策」などで，他にも何点かあります。この共通課題にどのように対応するかで製造業系ベンチャー企業の経営戦略が構築されてきます。

　製造業系企業では企業同士の取引（いわゆる BtoB）が主体で一般の消費者には見えにくく，取っつきにくいところがあるかもしれませんが，モノづくり大国ニッポンには欠かせないテーマでもあるので苦手意識を持たずに学習していきましょう。

40 製造業系ベンチャー：3つの壁

■魔の川／死の谷／ダーウィンの海

　どんなスタートアップ企業でも，起業後，軌道に乗るまでに必ず壁にぶつかります。特に製造業系企業でいわれるのが「3つの壁」です。これは技術経営（MOT：Management Of Technology）上の概念の1つで，新技術のシーズ（種）段階から販売定着段階までの間に4つの段階があり，それぞれ次の段階へステップアップする際に壁があることをいいます（右図参照）。

　その4段階とは次の4つになります。

(1) **シーズ**……　アイデアの種

(2) **製品（試作品）**……　開発室で作る試作品

(3) **商品（量産品）**……　実際の工場ラインで製造した販売用となる商品
　　（※工場ラインでの試作品は(2)の試作品に対して「**量産試作品**」という）

(4) **販売定着**　……　売れる商品として定着

　そして，シーズ段階から，製品，商品，販売定着の各段階にステップアップする際に出てくるのが「3つの壁」であり，それぞれ，「魔の川」「死の谷」「ダーウィンの海」といわれます。各内容は次のようになります。

(1)「**魔の川**」

　「シーズ（アイデア）」から「製品（試作品）」に持っていくステージ（**開発ステージ**）の困難さをいいます。具体的には，基礎技術の研究成果である新技術のシーズが，市場のどのようなニーズを満たすことができるのかを探って「(開発室での)製品（試作品）」を作るまでにある壁をいいます。

(2)「**死の谷**」

　次は，「(開発室で作った)製品（試作品）」を，実際に工場の生産ラインを組み立てて，「(工場生産ラインでの)製品（試作品）」とし問題ないかを確認後，量産して商品として販売を開始できるところまで持っていくステージ（**事業化ス**

テージ）にある壁をいいます。工場の製造ラインの調整や，使用材料の工夫，コスト面で見合っているかなど，点検項目は多数あります。

(3)　「**ダーウィンの海**」

「商品（量産品）」が市場投入された後，産業として確立させるステージ（**産業化ステージ**）にある困難さをいいます。市場に投入された新製品や新サービスが既存製品や他社との競争，消費者の認知や購入の壁，顧客の評価などに晒されながら，「市場に定着する（売れる商品になる）」までの壁を表しています。

＜事例＞　本書で取り上げた企業で壁にぶつかったケース

- 「魔の川」
  - → ダイソン：試作品完成までに5年をかけて5,127個の試作品を作った。
    日清食品：インスタントラーメンの試作品完成に1年かかった。
- 「死の谷」
  - → ダイソン：生産ラインを組み立てて，商品化する前に資金が尽きた。
- 「ダーウィンの海」
  - → 日清食品：製品製造に至るも粗悪品を作る模倣業者が多数出現し，消費者が訝しがり，受け入れるのに時間がかかった。

図表5-1　製造業系ベンチャー企業の3つの壁

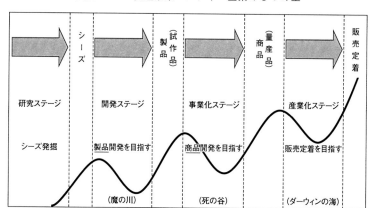

出所：出川通『技術経営の考え方〜MOTと開発ベンチャーの現場から』（光文社新書）をもとに筆者作成

41 マブチモーター：標準化戦略

■ "産業のコメ" 小型モーターのパイオニア

　マブチモーター㈱（千葉県松戸市）は小型直流モーターで世界トップシェアの会社です。同社の小型モーターは自動車，家電製品，事務機器など至る所で使われています。事業立ち上げ当初，顧客が要望するモーターのサイズがさまざまで大混乱したことからサイズをまとめる標準化戦略を構築し大成功しました。

■＜事例＞　マブチモーター／あらゆる所に使われる "産業のコメ"

　同社は，創業者の馬渕健一が1946年（昭和21年）に香川県高松市に設立した「関西理科研究所」を発祥としている。当時まだ玩具や模型の動力が，ゴムやゼンマイだった時代で，馬渕はモーターを動力にできないかと思い付いた。しかしその頃のモーターといえば大型の交流モーターが主流で，小型の直流モーターも固定子にコイルを巻いて磁場を作るのが常識だったため，消費電力が多いわりに回転力が弱く，とてもおもちゃには使えなかった。そこで馬渕はおもちゃ用のモーターの開発を始め，消費電力が多いコイルを使わず，磁石を使った「馬蹄型マグネットモーター」を開発した。これが小型で回転力が強く値段も安い「小型直流モーター」で，おもちゃに搭載でき，子供たちを喜ばせた。

●下請け会社が大企業に申し入れた下剋上の戦略

　このモーターが，子供のおもちゃ向けのモーターとして野村トーイ社で採用されると，それまでのゼンマイに代わる動力として一気に広がった。

　ところが注文が増えてくると，さまざまな問題が出てきた。①同社のおもちゃ用モーターは，たちまち欧米のクリスマス向けのおもちゃに組み込まれるものとして主流となったが，その製品の仕様が決まる4～5月から9月までの短期間で一気に製造しなければならなかった。②しかも顧客ごとにサイズのオーダーもバラバラな個別仕様だったため，「多品種少量生産」となりコスト

もかかり，不良品発生率も高かった。また③雇用面でも年間の仕事量の繁閑の差が激しく，年間を通した安定雇用ができない，などがあった。

そこで同社は，「顧客のニーズを集約し，最大公約数的な**標準モーターに絞り込む**ことができないか」と考えた。こうすることで，「①生産する機種が決まっているため年間の作業時間の平準化が可能になり，雇用も安定する。②決まったものを生産することで，個別生産時に比べコストも大幅に低減できる。③不良品の発生率も抑えられる。」と諸問題が一気に解決する。しかし問題は，納品先の大企業が，零細企業側が仕様を決めることに納得してくれるかだった。実際，取引先への交渉は難航したが，モーターのサイズを**標準化**することで，納品先にも取引先への売価が下がり，納期も早まり，不良品の発生率も低くなるというメリットがあることを粘り強く訴え，ついに了解を取ることができ，見事に標準化を達成した。

■**＜解説＞**　この結果，マブチモーターは，**約90種類の標準モーターに絞り，納品先・エンドユーザー・同社の「三方よし」**の成果を上げました。以上がマブチモーターが産業化ステージを乗り越えるのに生み出した**標準化戦略**です。

図表5−2　マブチモーターの自動車での使用例

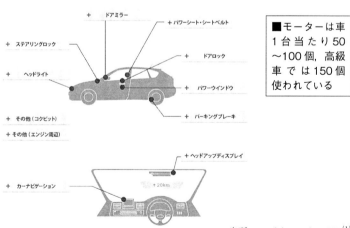

■モーターは車1台当たり50〜100個，高級車では150個使われている

出所：マブチモーター HP[1]

【**マブチモーターで見られた経営戦略**（ビジネスモデル）】　①標準化戦略

42 （補講）実は４種類ある「標準化」

　前項で「**マブチモーターの標準化戦略**」について見ましたが，実業界では「標準化」というと，これ以外に別の意味で使うことがあります。マブチモーターで出てきた標準化は，「**企業内の製品の標準化**」といわれるもので，これ以外に下記３つの"標準化"があります。

(1)　デジュールスタンダード（JIS 規格等）

　これは標準化機関における合意を経て制定される**公的な標準化**であり，「日本工業規格＝ JIS」「国際標準化機構＝ ISO」がある。

①日本工業規格（JIS 規格）

　例えば乾電池の大きさ，電球の口金のサイズ，蛍光灯の長さや太さ，シャープペンシルの芯の太さ，各種ネジなど，メーカーによってサイズがバラバラだと，消費者にとって選択に困る。すべてのメーカーでサイズが統一されていると，消費者にとってこのような不便は一気に解消され便利になる。このため国内では，「日本工業規格（JIS）」によって，製品のサイズ・形状・構造等規格が定められている。JIS 規格で定められているものは身のまわりにたくさんある（右図）。

②国際標準化機構（ISO）

　同様に，世界レベルでは，「国際標準化機構（ISO）」において規格が決められているものがある。

　代表例：コンテナのサイズ⇒船舶積載・トラック積載

(2)　デファクトスタンダード

　事実上の標準といわれるもので，特定企業の製品・サービスが圧倒的なシェアを持つことで生まれる事実上の標準のこと。例えばパソコン市場では，OS で Windows が搭載されていたものが大半のシェアを占め，ソフトも

Windows 上で動くものが多数登場したことで，Windows 搭載パソコンが便利なデファクトスタンダード（事実上の標準）となっていた。

⑶ フォーラムスタンダード

加盟企業内で適用される標準。例えば，WiFi を設定する時のルーターの無線 LAN の標準的な通信規格は「IEEE 802.11」系である。この「IEEE 802.11」とは，IEEE（米国電気電子技術学会）802 委員会のグループ 11 により標準化された無線 LAN の規格となる。完全な公的機関ではないが，この規格に合わせないと，通信ができなくなることから，実質的に標準化されていることになる。パソコン，スマートフォン，ゲーム機，デジタル家電などに搭載されており，具体的には 11a，11b，11g，11n，11ac がある。後ろのアルファベットは規格を意味し，使用する周波数帯や通信速度などで区別されている。

図表 5－3　JIS 規格の例

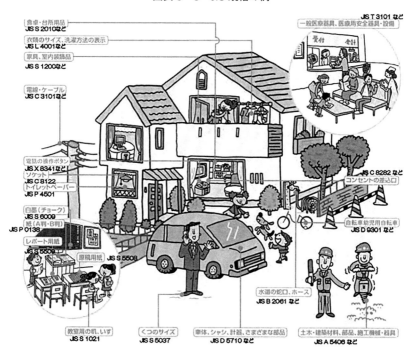

出所：経済産業省パンフレット「知っていますか標準化」より[2]

[43] ミスミグループ：標準化戦略と半製品戦略

■ 800 垓（1 兆の 800 億倍）の部品を 2 日で出荷するイノベーター

　製造業向け機械部品の製造・販売を行っている㈱ミスミグループ本社（文京区，以下ミスミ）は，3,000 万点あまりの膨大な商品を，**基本的に受注の翌日に製造加工して出荷する体制**を構築し，業界にイノベーションを起こしました。しかもこれは 30 万社の取引先（うち 6 割以上が海外企業）からのバラバラな仕様の要望に対応できる画期的な経営戦略です。同社はもともとは「機械部品の専門商社」で，そこから部品製造加工にも進出した経緯もあり，メーカーでありながら膨大な製品点数を取り扱っています（川上への垂直型多角化）。

■＜事例＞　ミスミ／無限の品揃え点数を最短で出荷へ！

　同社が取り扱っている精密部品はミクロン単位の精度が要求される部品で，かつてはこれを個別に受注製造する対応を行っていた。顧客側も 1 つ 1 つ部品の図面を描いて，それを作れそうな業者を探して，電話や FAX で直接交渉をして注文する，といった手間のかかる工程で時間も膨大にかかった。

　例えば「印刷機のトナーカートリッジを製造する機械設備」を作るケースでいうと，全体が約 1,500 点の部品から構成されており，①まず設計者が 1 点 1 点の部品について図面を 1 枚ずつ描く。作図時間は 1 枚につき平均 30 分かかり，1,500 点の作図には計 **750 時間**かかる，②図面が完成すると，次は部品を作ってくれる加工メーカーに見積もりを依頼するが，その回答が返ってくるのに**最低 1 週間**程度はかかり，それを確認して当該メーカーに正式発注し，納品されるまで**約 2 週間**ほどかかる。したがって最初の作図依頼からすると**合計約 1,000 時間**，1 日 10 時間働いたとしても**約 100 日**もかかる状況になっていた。

●**規格品戦略**

　当社はこの課題解決のために，まず 1977 年に部品カタログを作った。かつて 1 枚 1 枚図面を描いていた部品の約半数を，部品の寸法や仕様を決めて**規格品**としてカタログにまとめ，これで部品調達にかかる時間を大幅に短縮した。前項マブチの「標準化」と同様である。例えば，機械などの回転軸となるシャフトでは，必要なシャフトの長さ，太さ，形状，材質，表面処理などの仕様をそれぞれカタログに沿って選んでいくと型番がわかり，その型番を指定するだけで発注できる。これで前記①の作図を不要にし，「作図完成まで **750 時間**」部分の時間短縮をした。→ **現在は，e カタログを作成し，Web 上で発注できるので一段と効率が上がっている**（世界 16 カ国で展開）。

●**半製品戦略**

　次に仕上げ工程について，ミスミのイノベーションとして有名な「**半製品戦略**」が登場する。これは例えば，ミスミが金型会社向けに作っている膨大な種類のピンを製造するのに，(1)まず東南アジアにある大規模工場で途中まで加工した**半製品（半完成品）を大量生産**し，それを世界各国の消費地にある最終仕上げ工場に送ってストックしておく。次に，(2)消費地の仕上げ工場に顧客からの注文が来た時に，顧客の注文通りに長さを削ったり，先端の斜めカットなどを，今度は「**一個流し生産**」で仕上げ加工して出荷する。(1)+(2)で**2 段階加工方式**となる。これで前記②の「**見積り 1 週間＋発注納品の 2 週間＝計 3 週間**」の部分を短縮した。

■**＜解説＞**

　以上のようにして，ミスミはサイズ違いを含めると **800 垓**（1 兆の 800 億倍）に上るアイテムを，「**規格品化**」と「**半製品戦略＋2 段階加工方式**」により，当初 100 日かかっていたのを「**受注からわずか 2 日目で出荷できる即納体制**」を可能にするという画期的な製造体制を構築し，イノベーターとなりました。

【ミスミで見られた経営戦略（ビジネスモデル）】

①規格品戦略，②半製品戦略，③2 段階加工方式

44 パール金属：速攻開発と速攻市場投入戦略

■アイデア溢れるキッチン用品を多数開発する大手メーカー

　パール金属㈱（新潟県三条市）は調理器具・キッチン用品の大手メーカーです。全国のほとんどのホームセンターのキッチン用品コーナーに同社の商品が並んでいます。キッチン用品業界はアイデア商品が多く，メーカー間でのアイデア合戦が激しいのが特徴となっています。例えば，しゃもじなら「立てられるもの」，「米粒のつかないもの」などのように思いついたアイデアはいち早く商品化して，市場に出さなければなりません。同社はこの特徴ある業界で勝ち抜くための独創的な経営戦略を編み出しました。

■＜事例＞　パール金属／アイデア合戦の厳しい業界！

　パール金属は**年間 2,000〜3,000 点**もの商品を新たに開発して市場投入している。いわば**多点数市場投入戦略**をとっている。

　一般的にメーカーでは開発する新商品の選定は，時間をかけて多くの候補から慎重に絞り込んでいく。テレビなどでも，開発担当者が緊張しながら社長の前でプレゼンし，しかも 1 回では通らなくて修正の課題を出され，2 度 3 度プレゼンするといった映像をよく目にする。その際の一般的な審議ポイントとしては，「その製品の新規性はどこにあるか？　競合製品と違うのはどこか？　販売見込みはどれくらいか？　開発費用はどれくらいかかるか？　その開発費用は何年で回収できるか？」など様々な視点から検討される。

　一方，パール金属の場合は少し状況が異なる。パール金属では，開発する商品をそこまで深く吟味したり，絞り込んだりせず，開発担当者のアイデアをほとんどそのまま採用する。実際には約 7 割はそのまま採用されるという。なぜこのような方法を採るのか。前掲の一般的な緊張感あふれる社長同席の開発会議の光景からいうと一見荒っぽく見えるが，パール金属の開発製品の選考方式

の背景には深い経営哲学がある。

　パール金属は,「ヒットすると思って市場投入してもヒットしなかったり,逆に大ヒットはしないかなと思ったものが大ヒットしたりする」ことを多数経験している。そこで「売れるかどうかは市場に出してみないとわからない。評価はお客が決める。お客の前に商品を並べることが重要。だから社内では徹底的には絞り込まず,むしろ時間をかけずにどんどん市場投入する」と考えている。したがって,パール金属では,担当者がアイデアを上司に上申する際も,精緻な設計図を要求せず,ラフスケッチで良しとしている。市場投入を急ぐためである。また,すでに市場に投入している商品と似通うものであっても,あまり気にせず市場投入していく。わずかな違いでもヒットする可能性があり,「市場に出してみないとわからない」という哲学から,とにかく会社側で判断を下さないようにしているためである。こうしてパール金属は**年間2,000〜3,000点（1日5点〜8点）**もの商品を市場投入している。

■**＜解説＞**　同社は金属加工の町として有名な新潟県三条市にあり,この地の利を最大限生かして,新製品のスピード開発をしています。2,000〜3,000社もの優秀な金属加工技術を持った会社との連携を大切にし,スピーディーな開発体制を組むことで,年間に多くの製品を開発することを可能にしています。

　ただしこの戦略の注意点としては,この同社の新製品開発戦略はどちらかというと特殊であり,一般的には慎重に絞り込む方式が主流です。同社の新製品開発戦略が成立するのは,同社のようにすでに事業基盤ができていて,年間に十分な量の商品を市場投入している会社で,「外れる商品が多くても,ヒットする商品が一定確率であって,それで全体の開発コストを賄える」というバランスが取れることが前提になっていることです（いわゆる「**大数の法則**」が働くことが前提となります）。したがって,立ち上げ直後の企業では使えません。

【パール金属で見られた経営戦略（ビジネスモデル）】
①速攻開発＋速攻市場投入戦略,②評価を市場に委ねる多数市場投入戦略

45 ホシザキ：充実のアフターサービス戦略

■ペンギンマークの大手業務用厨房機器メーカー

　ホシザキ㈱（愛知県豊明市）は，業務用厨房機器（飲食店舗用の業務用冷蔵庫，製氷機，ガスレンジ，フライヤー，炊飯器，ミキサーなど）の大手メーカーです。特に全自動製氷機は国内シェア70％で，多くの飲食店で使用されています。業務用厨房機器のユーザーである飲食店では，厨房機器が故障して使えなくなると，仕事ができず，大きな痛手を被ります。ホシザキはこの「故障時の修理対応の早さ」で業界大手になりました。

■＜事例＞　ホシザキ／機器故障で1日も仕事を止められない業界にヒット

　同社は1947年（昭和22年）創業で，もともとはミシンの下請けを行っていた。しかし「オリジナル製品を持たなければダメだ」という社是の下，2代目坂本精志社長（現会長）がアメリカ視察でヒントを得た「自動製氷機」を開発することにし，1964年，画期的な「透明の氷が作れる製氷機」を完成させた。

●窮すれば通ず〜やむなく始めた直販体制だが差別化になり業界トップへ

　商品が完成した後，営業体制を考える段階になり，販売対象の飲食店が多数あることから，当初一般的な**代理店販売方式**をとることを考えた。しかし，当時まだ「自動製氷機」自体の認知度が低く，引き受けてくれる代理店が見つからなかった。そこでホシザキはやむなく**自社販売方式**（直接販売体制＝直販体制）を採用することにした。

　ところがその体制で業務を進めていくうちに，この自社販売方式にも利点があることに気が付いた。納品した製品が故障した時，納品先から直接連絡が入り，メーカーである同社は故障内容を的確に把握して，すぐに修理部隊をクライアントに向かわせることができた。この速攻対応がお客に喜ばれた。飲食店

にとって氷は，水・お酒・ソフトドリンクなどと同様に営業に欠かせないものであって，一刻も早くメーカーの修理担当者が駆けつけて修理してくれることを望んでいる。1日たりとも休めない。ところがもし販売時に販売代理店が入っていると，故障発生時の1次窓口が代理店となり，故障内容の把握やメーカー担当者を向かわせるのが遅れる。

このことに気づき，同社は故障時のメンテナンスに即刻対応できるという体制を前面に出してPRすることで販売を伸ばしていった。そして製造メーカーでありながら，積極的に直販体制の整備を進めていった。現在，全国に直販体制となる支社を15社作り，その下に400を超える営業所，約2,600人のサービススタッフを配置し，製品の故障連絡に，即時に駆け付ける「**故障修理即日対応体制**」を構築した。こうして「**充実のアフターサービス戦略**」でシェアを伸ばし，業務用厨房業界でトップの一社としての地位を確立していった。

図表5−4　代理店販売方式と直接販売方式の比較

	代理店方式	直接販売方式
メリット	・営業体制を自社で立ち上げなくてもすぐに販売開始できる ・遠方でも，代理店の営業エリアであれば，直ちに販売開始できる	・修理対応が早くできる ・卸業者を間に挟まないことで，中間マージンを省いてコストを抑えられる ・製品改良や新商品開発のヒントなど顧客の声を直接把握できる ・効果的なアフターサービスが提供できる
デメリット	・商品故障の際の修理が遅くなる ・代理店へのマージン支払が発生しコスト高になる ・顧客の声が直接聞けない ・製品のノウハウを代理店に知られるリスクがある	・営業体制を整えるのに時間がかかる ・自社で営業マンを抱えるので販売コストが固定費化する

（筆者作成）

【**ホシザキで見られた経営戦略（ビジネスモデル）**】
①下請けだけでなくオリジナル商品を持つ，②充実のアフターサービス戦略（故障修理即日対応で顧客獲得戦略）

46 島精機製作所：特許獲得戦略

■特許戦略で世界に羽ばたくニット編み機メーカー

　㈱島精機製作所（和歌山市）の創業者である島正博は偉大な発明家で，島自身が発明した画期的な「ニット編み機」はGUCCI，PRADAなど世界トップレベルの有名ブランドでも軒並み採用されるほど成功しました。

　島は，編み機関連を中心にさまざまな分野で発明をし，数多くの特許を取得しています。島精機製作所は特許によって権利保護を受けながら業績を伸ばしました。島の発明は，「成立特許で600件，未成立特許を合わせた発明資産ベースで1,100件」に上り，これは発明王といわれたエジソンに匹敵する数となっています（エジソンの特許件数は1,093件，未成立特許を合わせた発明資産は1,300件といわれています）。製造業において，特許戦略は極めて重要なテーマであり，以下5項にわたって特許戦略について学習します。

■<解説>　特許とは

　製造業では，発明した製品がそれまでにない画期的なものであった場合，他社に模倣されないように権利保護ができる特許制度があります。

　一般的に実業界における新製品のアイデア競争は，企業規模の大小に関係なく，大企業でも中小ベンチャー企業でも対等に同じ土俵で戦うことになります。それだけに，企業規模に劣る中小ベンチャー企業では，この特許制度を上手く活用して，自らの発明資産を守っていくことが重要な戦略になります。

　特許制度は，会社または個人が発明した発明資産を特許庁に出願申請し，新規性を中心とした審査をクリアすることで**特許権**が取得できるものです。特許制度は，特許を取得することにより**出願日から原則として20年間**，当該発明の権利保護をしてもらえるというものです。ここでいう権利保護とは，もし他人が特許権を侵害してきた場合には，**差止請求，損害賠償請求，不当利得返**

還，原状回復等の民事上の権利行使を国が認めてくれるものです。

【→ 特許戦略 1/7】「いち早く特許を取得する（先願主義）」

　発明資産の保護を受けるために特許獲得を巡って，大企業から中小企業・ベンチャー企業までが企業規模に関係なく，日々熾烈な特許戦争を繰り広げています。特許戦略の1つ目は，「いち早く特許権を申請し取得すること」です。

　特許受付の順番は，仮に同じ発明を同時に2人が行った場合，先に特許庁に出願した人が優先されます。これを「**先願主義**」といいます。したがって，特許を取りたいものが出てきた場合は，速やかに準備していち早く申請しなければなりません。特許を出願する件数は，**一番多い企業で年間に 5,000～6,000 件，1 日あたり約 20 件**となっています。この中で順番を競わなくてはなりません。この件数を見ると特許を巡る動きがいかに激しいかわかります。したがって，ベンチャー企業では一刻も早く準備して，特許出願する，これ自体が重要な戦略となります。タッチの差で出願申請の先を越され，特許の取得を逃してしまうことはよく聞きます。

　島精機製作所では，島が数々の画期的なニット編み機を開発していますが，特に 2015 年に発表した「完全無縫製全自動横編み機（ホールガーメント）」は，「縫い目が全くない全自動ニット編み機械」で世界中を驚かせ，島正博の名前を一躍有名にしました。通常ニット編み機は，身頃，袖，襟を別々に作ってそれらを縫い合わせて仕上げるため編み目が残るのが当たり前ですが，このホールガーメント編み機は，縫い目が一切なく綺麗に仕上がるのが特徴です。この編み機は現在，世界の有名ブランドでも使用されており，欠かせない編み機になっています。島精機製作所は，このような画期的な特許を基に成長していきました。

【島精機製作所で見られた経営戦略（ビジネスモデル）】
①特許獲得戦略

47 （補講）特許の基礎知識①

1. 特許制度の全体像

　発明資産の特許を取るためには，まず特許庁に出願申請し，特許庁の審査をクリアすることが必要になります。特許審査では**新規性**と**進歩性**の2点が審査されます。「新規性」とは，出願した時にその発明が新しいものでそれまでに公表されていないものであるかどうかで，「進歩性」とは従来の発明からみた技術的困難の程度をいいます。

　特許審査をクリアすると，出願人がその発明についての特許権を取得し，出願日から原則として **20 年間**（一部は延長により **25 年**），当該発明の利用を独占することができます（特許法 67 条 1 項）。申請時にもし同一の発明があった場合には，最初の出願者に特許が付与される（「**先願主義**」）ことになります。その差はわずかな時間でも判定され，後の人には特許権は与えられません。

　他人が取得している特許権を侵害した場合どうなるかですが，前述のとおり，そもそも「特許とは国が法律で発明を保護する制度で，発明者に対して国が特許権という独占権を与えることで発明を保護し奨励するもの」ですから，特許権者は，侵害者に対して**差止請求，損害賠償請求，不当利得返還，原状回復等の民事上の権利行使**を行うことが認められています。

　ただし，保護される期間は特許期間までで，満了後は誰もがその発明を自由に利用できます（特許法 6 条）。このように特許期間の 20 年が過ぎて特許が無効になったことを「**特許切れ**」といいます。

　また特許権に似た知的財産権には他に，**実用新案権**（物品の形状等の考案を保護する），**意匠権**（工業デザインを保護する），**商標権**（商標に化体した業務上の信用を保護する）などがあります。

2.　特許内容の公開

　特許出願して 1 年 6 カ月を経過すると，特許出願の内容が「**公開**」されます。出願後 1 年 6 カ月経過時点では基本的には特許の審査が終わっておらず，つまり特許成立前に申請内容が公開されることになります。理由は，すでに申請されている特許を公開することで，その後の重複申請を防ぐためです（もちろん，成立している特許の内容も公開されていて，「特許公報」を取り寄せることで，誰でも簡単に調べることができます）。

　この制度は，発明者からいうと，特許申請することで逆に内容が公開され，発明資産の秘密を手放すことになります。したがって，特許申請することは，「発明秘密を公開して 20 年の特許権を得るのか，それとも特許権を諦めて発明内容を秘密にするのか」の選択をするという意味にもなります。つまり「特許を取るか，あえて取らないか」の判断が入り口であるということで，特許期間の 20（or 25）年を経過して誰でも使えるようになった後でも，まだ競争優位性があると考えれば，特許を取得して内容が公開されることを避けて，あえて特許出願をしない，という戦略をとることもあり得ることになります（→ 次ページ**【特許戦略 3】参照**）。

3.　実施権

　実施権とは，発明資産で特許を取得した「特許権者」が，他人に特許を実施すること（注.　使用すること）を認める権利（＝使用ライセンス）のことです。他人に実施権を設定・許諾する（注.使用する権利を認める）メリットとしては「実施料収入（ロイヤルティ収入）を得られる」，「複数の企業に販売してもらって市場を形成することにより事業のリスクが低減する」等があります。逆にデメリットとしては，売上を特許権者だけで独占できなくなることがあります。また実施権には，**専用実施権**と**通常実施権**があります。

48 （補講）特許の基礎知識②

(1) 専用実施権

　専用実施権とは，特許権者の承諾を得て，特許発明を独占的に実施（注．使用すること）できる権利をいいます。他人に専用実施権の設定を認めた場合は，特許権者といえども，その発明特許を実施できません。また複数人に同一範囲で専用実施権を設定することはできません。特許権が共有である場合には，他の共有者の同意がなければ，専用実施権の設定はできません。専用実施権は特許庁に登録することで発生します。当該者間の契約だけでは専用実施権は発生しません。専用実施権の設定にあたっては，範囲として**地域・期間・内容等**を定めることができます。例えば，「関東地方のみで専用実施権を設定する」ということも可能です。専用実施権者は，特許権者の承諾を得ることで，通常実施権を他人に許諾することができます。専用実施権を侵害された場合には，単独で差止請求をすることができます。

(2) 通常実施権

　通常実施権は専用実施権と異なり，独占排他的な権利ではなく，単に特許発明を実施できるだけの権利です。独占性がないため，複数人に同一範囲で許諾することも可能です。特許権が共有である場合には，他の共有者の同意がなければ，通常実施権の許諾はできません。通常実施権は専用実施権と異なり，特許庁への登録は必要なく，当該者間のみの契約で権利が発生します。

　（→ ライセンス収入の詳細は51項参照）

【→ 特許戦略 2/7】 「特許の細部を登録しない戦略」

　特許戦略に「特許申請の際に細部は登録しない」という戦略があります。特許は前述のように公開されるので，特許が成立する範囲で詳細は書かないとい

う戦略です。もっとも，詳細を明らかにしなくても，発明者と近い工程・手法を模索して，近似手法での開発や迂回開発のヒントを与えてしまうことは避けられません。

【→ 特許戦略 3/7】「あえて特許を取得しない戦略」

上述のとおり，特許権を取得すると，それと引き換えに特許内容が公開され，さらに 20 年経つと特許が切れて模倣も許されます。そこで，そもそも特許申請しないという戦略があります。コカコーラ（1886 年事業開始），ケンタッキーフライドチキン（1934 年事業開始）などは，特許申請によるレシピの公開を避けるため特許申請をしていないことで有名です。いずれの会社も創業から 100 年も経ちますが，未だに商品競争力があることを考えると，このようなケースでは特許申請しないことは正解だったといえるでしょう。両社ともいまだにレシピは会社の中でもごく一部の人しか知らされていないといわれています。

【→ 特許戦略 4/7】「改良特許とクロスライセンス戦略」

すでに他社が特許を取得済みであったとしても，それに重ねる形で，「**改良特許**」を出願し特許を取得することは可能です。例えば，古い例ですが，「**長針と短針を有する時計という基本特許**」があったところに，それに**日付機能**を付けたり，**電波時計で自動補正機能**を付けたりすれば，それは新たな発明として特許になります（「**改良特許**」）。後発会社がこのような特許を取得すると，いくら先発会社が基本特許を抑えていても，日付機能や電波補正の付いている時計を販売できなくなります。このように後発会社は，先発会社の基本特許の周辺特許を大量に取って，先発会社が後発会社の特許を使わないと製品を出せない形にして**クロスライセンスに持ち込む**という戦略をとります（基本特許権者と改良特許権者が互いの特許を使用することを認め合う形）。

キヤノンが複写機を開発した時も，複写機の基本特許を保有する**ゼロックス**の特許を徹底的に精査し，わずかな穴を見つけて，その部分の新技術を開発することで，基本特許をすり抜けクロスライセンスに持ち込んだという話は有名です。

49 アンデルセングループ：特許開放戦略

■ベーカリーショップ大手のアンデルセン

　アンデルセングループ（広島市，以下アンデルセン）はベーカリー大手の1社で，1948年（昭和23年）に広島で高木俊介・彬子夫妻によって「タカキのパン」として創業されました。街でよく見かけるベーカリーショップ「リトルマーメイド」は「アンデルセン」がFC展開している店舗名になります。

　現在，米食と同じぐらい普及しているパン食ですが，日本のパン食の歴史は意外と浅く，戦後の高度経済成長期に急拡大したものです。実は，この日本でのパン食の急速な普及に，アンデルセンの高木の大きな貢献がありました。

■＜事例＞　アンデルセン／ベーカリーショップの普及に大貢献

　日本初のベーカリーショップは，1862年（文久2年）横浜にできた「横浜ベーカリー」といわれている。その後1874年に銀座の木村屋（現在の木村屋総本店）が日本発の菓子パンである「あんぱん」を開発し，関西では明治後期から神戸三ノ宮の藤井パン（現在のドンク）が日本に「フランスパン」を紹介した。さらに1900年には，前出の銀座木村屋が「ジャムパン」を，1904年には新宿中村屋が「クリームパン」を開発し，日本独自のパンが誕生していった。昭和初期になると「ロバのパン屋」が音楽を流しながらまだ物珍しかったパンの移動販売を行った。そして終戦後の食糧難の時代に，アメリカからの輸入小麦で作られたコッペパンが学校給食に取り入れられたことで，パン食が国民に広がっていった。

　このようにパン食が国内で普及していったが，この時点ではまだ今日ほどベーカリーショップの店舗数は多くなく，焼きたてのパンを近くのパン屋で買える状況にはなく，多くの人にとってパンは冷めたものが当たり前だった。

●「画期的なパン製造方法の発見」で焼きたてパンが全国に普及

　終戦の時点では，まだパンを製造販売する店は今日ほど多くはなかったが，その理由に当時のパン作りの過酷な労働環境があった。そもそもパン作りは2回の発酵を経るため，平均5〜6時間もの時間がかかる。朝，店にパンを並べるためには，パン職人は深夜から朝方まで昼夜逆転で働かなければならず，パン工場は今でいう3K職場（きつい，汚い，危険）の1つであった。このことからパン屋の数はそう多くは広がらず，多くの人は近くの店で「焼き立ての温かいパン」を買える環境ではなかったのである。

　ところが現在では，焼きたてのパンを売るベーカリーショップを街中で多数見かける。実はこの大きな状況変化に，パン製造の技術面での大きなブレイクスルーがあった。それはアンデルセン（当時のタカキのパン）が開発した画期的な製法であった。

　同社の創業者の高木は，1959年欧州視察の際に，ドイツでパン生地の冷凍技術があるのを知って驚いた。これは週末にパンがたくさん売れるよう，平日に仕込みを多くしておくために工夫された技術であった。高木はこれを日本でもぜひ再現したいと思い，帰国後すぐに研究を開始し，ようやく自前の技術を開発した。この技術の要は「冷凍に強いイースト菌」であった。これを用いることで，パン生地成型後，**冷凍保存**させても菌は死ぬことなく，2次発酵段階でも菌が再び働き，パンを膨らませることができるというものであった。

　この技術の発見により，「焼きたての温かいパン」を全国各地の店舗で提供できるようになった。つまりセントラル工場（広島県）でパン生地成型工程まで完了したものを大量に作ったうえで，マイナス30℃で冷凍して，全国の販売店に搬送する。次に各店舗では2次発酵および焼成の仕上工程を行い，出来上がった**焼きたてパン**を店頭に並べる。この方法だと各店舗では2次発酵以降の工程を行えばいいので，営業時間中でも，次々とパンを焼き上げ，焼きたてパンを店頭に出していける。各店舗での手間が一気に少なくなった。これでチェーン展開が容易になり，高木は，アンデルセン（直営店），リトルマーメイド（FC店）を全国にチェーン展開することに成功した。そして高木はもちろん，この製造方法について**特許を取得**した。これでアンデルセンが全国のベー

カリー市場を独占するかと思われた。

●高木はなんと取得した特許を開放！

　ところが，高木はこの**取得した特許を開放**するという驚きの行動に出た。なぜ1社で収益を独占できるのに開放したのか。そこには高木の深い思いがあった。「焼きたての温かいパンを全国に普及したい。日本人に焼きたてのパンが美味しいことを知ってもらいたいが，それは自分たち1社だけでやるには限界がある。多くの会社が一緒になって広めていかないと日本中に広めることはできない。」高木が特許を開放したことで，多くのベーカリーショップが誕生し，瞬く間に，全国にベーカリーショップが広がった。これにより全国の人が，近くのベーカリーショップで焼きたてのパンを買えるようになった。現在では当たり前となっている焼きたてパンが買える状況には，実はアンデルセンの高木の極めて大きい貢献があったのである。もちろん，パン食が広がり，市場のパイが膨らんだことで，結果的にアンデルセンも大きな収益を得ることになった。

　現在，焼きたてパンは，ベーカリーショップだけでなく，有名カフェ，レストラン，ホテルバイキング，学校・福利厚生施設など至るところで見られるが，これも同様にパン製造会社が作ったパン生地成型を購入して，2次発酵以降を各店で行って，焼きたてパンとして販売しているためである。以上のようにこの特許開放戦略は，世の中がまだまったく知らない初めての商品のマーケットを形成するうえで有効な戦略といえる（→ **【特許戦略5/7】特許開放戦略**）（参考文献：『アンデルセン物語』）。

■＜類似事例＞　日清食品／インスタントラーメンを発明

　インスタントラーメンは，日本が世界に誇る発明品の1つである。日清食品の創業者である安藤百福が，1957年（昭和32年）から着手して1年以上かけて開発に成功し，チキンラーメンの名称で1958年8月に初めて発売した。ところが，発売直後からチキンラーメンを模倣する業者が相次いだ。そのほとんどは，見よう見まねで作り，不良品も多く，中には安全性を無視して，コスト

の安い粗悪な油を使う業者もいて「インスタントラーメンは体に悪い」という噂も立つようになった。おまけに商品名称・パッケージデザインもチキンラーメンとそっくりに真似したケースも多発した。

　その数はどんどん増え，多い時は実に100社を超えた。同社はこれらの会社に模倣しないように訴えたが，発明資産保護の概念が未成熟だった時代でもあり，彼らは自分たちで見つけたものだと主張し，止めることはなかった。日清食品は「特許権」「意匠権」の申請を行っていたが，特許が下りるまでの間にこのような状態になり，インスタントラーメン販売開始直後，安藤はこのような模倣業者に悩まされた。

　そしてようやく3年後の1961年に「チキンラーメンの商標登録」が成立，1962年には「即席ラーメンの製造法」に関する特許が認められ，日清食品のインスタントラーメンを模倣していた113社に警告が通知された。

　これでやっと1社でやっていけると周囲の誰もが思った時に，安藤は意外な行動に出た。それが「**製造特許を無償開放する**」というものであった。安藤は，「野中の一本杉になってそびえるより，豊かな森にした方が実りが多い。大衆に安く商品を提供するためにも小異を捨てて大同につく」と考えた。

　特許開放により品質の悪いラーメンを作っていた会社も良質なラーメンを作れるようになり，インスタントラーメンに対する世間の評価も向上し，消費量も一気に拡大した。市場のパイが膨らんだことで，日清食品の業績も大幅に伸長した。

　アンデルセンと同様，初めての食品を広める時は，1社だけではなく，多くの会社が一緒になって売る方が，早くマーケットが形成されて，結果的に発明者にもプラスになるという事例である。

　（参考文献：『転んでもただでは起きるな！』）

【アンデルセン，日清食品で見られた経営戦略】
①特許開放戦略（多くの会社と一緒になって市場を形成する戦略）

50 糀屋本店：特許申請せず「発明内容を公表する戦略」

■昔からの糀屋さんが塩麴を発見

　昔栄えて今ではすっかり街で見かけなくなった店に「糀屋（こうじや）」があります。糀屋とは麴を売っている店で，昔はここで麴を買って，自宅で味噌，甘酒などを造っていました。しかしスーパーでパック詰めされた味噌が買えるようになったことで，街の糀屋は激減しました。大分県佐伯市の糀屋「糀屋本店」も売上が激減し廃業寸前になっていました。その時，社長の浅利妙峰は，「塩麴」のレシピを発見し，これが起死回生の大ヒットとなり，全国で塩麴ブームも起こりました。しかし浅利は塩麴レシピの特許申請をしませんでした。

■＜事例＞　糀屋本店／塩麴のレシピを復活

　廃業寸前となって，浅利は何とか店を立て直せないかと，糀を使った新しい製品を探す日々を送っていた。そんなある日，江戸時代に書かれた『本朝食鑑』という本を調べていた時に，「**塩麴**」という言葉を見つけた。「塩麴」というのは当時なかった言葉である。この言葉が気になった浅利は，どういうものか調べてみたものの，材料に糀・塩・水を使うことはわかったが，その比率はどこを探しても書いていなかった。そこで浅利は，この３つの材料の組み合わせを端から順に試すことにした。しかしその組み合わせは非常に多く，失敗を繰り返す日々が続いた。そして半年経ったある日，美味しい味を醸し出す塩麴の組み合わせに到達した。これで漬けたキュウリはとても美味しく，周囲の人も同じ評価であった。やっと塩麴に辿り着いた。その**黄金比率は「糀：塩：水＝３：１：４」**であった。浅利の執念が実った。

●特許申請せずに発明内容を公表する戦略

　浅利は半年かけて苦労して見つけた塩麴のレシピについて，特許を取るかど

うか悩み，コンサルタントとも相談した結果，結局特許申請しないことにした。それどころか時間をかけて見つけた塩麴のレシピを誰でも使えるように**公開**した。

　その理由は，前項の高木と同様，「世間が誰も知らない塩麴なるものを，世の中に広めるためには，1社だけではとても無理で，大手企業も含め多くの会社の力を借りないと世間に広まらない。そうなると自分のところにも買いに来てもらえず，結局そのまま廃れてしまう」と考えたからであった。

　しかし公開するにあたって，コンサルタントの勧めもあって，自分が発明者であることを将来的に残す手立てをした。ブログでレシピや発見した経緯を公表したり，雑誌にも書いたり，さらに塩麴を使った料理レシピも自ら多数開発して，それを雑誌に積極的に記事にしてもらったりした。

　こうしてレシピを公開した結果，大手の醸造メーカーがこぞって塩麴を開発し販売するようになり，スーパーでも1つのコーナーができるほどの大型商品になった。大きなマーケットに成長したことで，糀屋本店の経営も安定した。しかもブログ等で自分が発明したことを発信したことで，他者の特許申請も防ぐことができた（→ **【特許戦略 6/7】特許申請せずに発明内容を公表する戦略**）。

■＜解説＞　特許登録の条件

　特許申請には「**進歩性と新規性**」が求められます。このうち**新規性**については，「特許出願前に日本国内又は外国において，頒布された刊行物に記載されていない発明又は電気通信回線を通じて公衆に利用可能となっていない発明（特許法29条1項3号）」とされます。つまり学会で発表されたり，ホームページ，ブログなどで掲載された記事は，公衆に利用可能となったものとなり，特許を取得することができません。したがって本事例では，浅利氏がブログで公表したことで，他者の特許申請を防げることができます（注．同法30条に自分が発明したものを自ら公開した場合についての例外規定あり。─ 概要:公開後6カ月以内は可など）。

【糀屋本店で見られた経営戦略（ビジネスモデル）】

①特許申請せずに発明内容を公表する戦略（市場形成を促進する戦略）

51 ダイソン：特許実施権で開発資金を獲得する戦略

■努力の発明家ダイソンが9年かけて開発

　ダイソン（本社ロンドン → シンガポール）はサイクロン掃除機を開発し，瞬く間に世界のトップメーカーになった会社です。大手家電メーカーがひしめき合っている家電業界では異例なことでした。ダイソン氏は技術の進歩はないと思われていた電気掃除機の分野で，それまで当たり前だった紙パック式掃除機から，まったく新しいサイクロン式の掃除機を開発し，大ヒットさせました。

　しかしダイソンはサイクロン式掃除機を，閃きで一夜にして作ったわけではありません。なんと5年をかけて5,127点もの試作品を作り続けて，ようやく完成させたのです。途中くじけかけた時には，「努力の発明王エジソンの言葉*1」に勇気をもらって自らを鼓舞し開発を続けたといいます。ところがこれだけ苦労してやっと試作品を完成させ特許も取得して，これからいざ製品製作に入ろうとした段階で，資金が底を尽き製品の製作に進めなくなりました。

　このような時に使えるのが，前出の獲得特許の実施権の付与です。特許の実施権（＝使用する権利）を他人に与えて，その対価として一時金やロイヤルティ収入の形で資金を獲得する方法です。ダイソンはこの手法で，なんとか資金獲得に成功し，製品開発に漕ぎつけることができました。

■＜事例＞　ダイソン／開発から製造段階移行時に資金枯渇！

　ダイソンは特許権の実施先を見つけようと，欧米の家電メーカーを20社以上回ったが，すべての企業に断られた。理由は，「今の紙パック式で十分間に合っているのに，なぜ新しいものに手を出さないといけないのか」ということであった（→ 第8項「現状維持バイアス」）。最後にダメ元で日本の企業を回ると，日本の商社エイペックスとシルバー精工（2012年破産済み）が興味を示し，ぜひ販売したいと実施権契約（ライセンス契約）を締結した。これによりダイソ

ンは同2社に，日本を地域限定とした製造権，販売権（＝専用実施権）を与え，対価としてイニシャルフィー 78,000 ドルと，売上に対して 10% のロイヤルティを獲得した。その両社と共同で，試作品製造から 9 年経過して，ようやく第1号商品（商品名：G フォース）の製造販売に至り，さらにそこで獲得した資金で英国にダイソン社を設立し（1993 年），自社製造製品「DC01」の開発販売に漕ぎつけた（→ 試作品製造開始からなんと 15 年かかった）。その後サイクロン式の掃除機は大評判となり，世界でブームを巻き起こした（参考文献：『インベンション』）。

（→【特許戦略 7/7】獲得特許の実施権を付与して資金調達をする）

■＜解説1＞　ライセンス料（ロイヤルティ）の2種類

　この例のように，特許取得後に資金が枯渇した時の対策として，特許の実施権を付与して開発資金を得る方法があります。支払方法は2通りあり，①ライセンス契約を締結した時に一括してライセンス料を得る「**一括払い方式**」，②販売実績に応じてライセンス料を得る「**ランニングロイヤルティ方式**」，です。一括払い方式では主に契約期間中の売上高を予測して，「**予想総売上高等に基づいてライセンス料を算出**」するもので，ランニングロイヤルティ方式では「**売上高×実施料率で算出**」します。またこの両方を組み合わせる方法もあります。

[*1] ＜解説2＞　エジソンの言葉

　米国の発明王エジソンは努力の発明家で，多くの名言を残しています。「失敗者とは，どれだけ成功に近づいたか知らずに諦めた人だ。」「失敗すればするほど成功に近づいている。」「私は失敗したことがない。ただ1万通りのうまく行かない方法を見つけただけだ。」「それは失敗じゃなくて，その方法ではうまくいかないことがわかったのだから成功なんだ。」「天才とは 1% のひらめきと 99% の努力の賜物である。」など，いずれも人生訓となる名言ばかりです。

【ダイソンで見られた経営戦略（ビジネスモデル）】
①成立特許の実施権使用者を探し開発資金を獲得する戦略

52 グローバルニッチトップ戦略

　本項では，業界シェア（市場占有率）という観点でベンチャー企業を見ていきます。製造業はモノ作りですから，各社の業界シェアを計算しやすく，そのため「業界シェア」という尺度で企業評価がされることがよくあります。日本の大企業では世界トップシェアの部門を持つ会社が多くありますが，中小ベンチャー企業でも世界トップシェアを持つ会社がたくさんあります。中小ベンチャー企業でも世界トップシェアを持っていることは，いうまでもなく経営面では有利で，これを狙った戦略がグローバルニッチトップ戦略になります。

　とはいえ，市場が小さいだけに市場の拡大縮小動向の影響を受けやすく，縮小傾向である時は注意が必要です。ここではまずどのような会社があるかを見ることとします。

【国内シェアトップの会社の事例】

1. 太陽工業　テント屋根（世界シェアトップ）
2. 日プラ　水族館の水槽ガラス（世界シェアトップ）
3. カイハラ　ジーンズ生地（世界シェアトップ）
4. ナカシマプロペラ　船舶用スクリュー
5. イシダ　組合せ測量器（世界シェアトップ）
6. 前川製作所　遠洋漁業用冷凍庫（世界シェアトップ）
7. SHOEI　バイク用ヘルメット
8. フルヤ金属　イリジウム化合物
9. オプテックス　遠赤外線方式自動ドア
10. 岡村硝子　歯科用反射鏡

　なお，経済産業省は「**グローバルニッチトップ企業（GNT）100選**」を発表しています。これは世界トップシェアを保有し頑張っている中小ベンチャー企

業を，国を挙げて応援しようという制度です。第 1 回が 2013 年度（2014 年 3 月発表），第 2 回が 2019 年度（2020 年 6 月発表）と過去 2 回発表されています。ここに取り上げられたグローバルニッチトップ企業（GNT）を一部挙げると，次のような会社になります。

図表 5－5　2020 年度グローバルニッチトップ 100 選

	企業名	所在地	社長名	事業内容	主力商品の世界シェア
1	マニー	栃木県	髙井壽秀	眼科ナイフ	30%
2	日精 ASB 機械	長野県	宮坂純一	プラスチックボトルの生産機	50%
3	ニッポン高度紙工業	高知県	山岡俊則	アルミ電解コンデンサ用セパレータ	67%
4	マキタ	香川県	横田裕	小型船舶用ディーゼルエンジン	23%
5	日機装	東京都	甲斐敏彦	航空機逆噴射装置向けカスケード	95%
6	ジャムコ	東京都	大喜多治年	大型旅客機用厨房設備，化粧室などの内装品	50%
7	日本分析工業	東京都	大栗直毅	分離精製装置（リサイクル分取液体クロマトグラフ）	95%
8	ニッカリ	岡山県	杉本宏	モノラック（急傾斜地軌条運搬機）	50%
9	パウダーテック	千葉県	佐藤祐二	電子写真用キャリア	70%
10	フタムラ化学	愛知県	長江泰雄	セロハン，パルプ由来の生分解性を有する透明フィルム	53%
11	廣瀬製紙	高知県	岡田祥司	UF 膜（限外ろ過膜），MF 膜（精密ろ過膜）	70%
12	湖北工業	滋賀県	石井太	海底ケーブル用高信頼性光デバイス	50% 以上
13	レザーテック	神奈川県	楠瀬治彦	半導体検査装置（半導体の原版に凹凸や異物など「欠陥」を見つける装置）	100%
14	NITTOKU	埼玉県	近藤進茂	スマートフォン内部のバイブレーション・アンテナ・スピーカーで使用される微小コイル	40%
15	日伸工業	滋賀県	清水貴之	コインボタン電池の外側カバー部品	20%
16	オプテックス	滋賀県	上村透	遠赤外線を使った自動ドア用センサー	30%

（経産省「GNT100 選（2019 版）」より一部抜粋）

53 製造業系ベンチャーの 大企業との攻防戦略①

■中小ベンチャー企業にとって大企業との「立ち位置関係」には注意

　製造業のベンチャー企業の場合，大企業との「立ち位置関係」には十分に注意しなければなりません。中小ベンチャー企業がこの関係を上手くできるかどうかで，その後の成長が大きく変わってきます。中小ベンチャー企業の大企業との立ち位置関係は，分類すると次の3つになります。

(1)　自社が作ったものを大手に売る関係（**販売先 or 下請け**）

(2)　大企業と一緒に製品開発する**共同開発パートナー**の関係

(3)　同じマーケットで同じ商品を販売する**販売競争相手**となる関係

■(1)(2)の場合の戦略：「スピード重視戦略」

　このうち(1)(2)は，大企業と一緒に仕事をする関係となります。このケースで気を付けなければならないのは，「**スピードを重視**」することです。例えば，大手企業が製品を組立加工する場合は，ユーザーに約束した納期があります。そしてスケジュールを立て，複数の下請け会社にも同様に部品の納期を設定します。この時，下請けの1社が納品が遅れると全体のスケジュールが遅れ，ユーザーへの納期にも間に合わなくなり，大きな迷惑を掛けることになります。このように企業取引では，一旦約束した納期を厳守することが大原則です。

　しかしこれは当たり前の話で，このタイミングでもっと大企業の信頼を獲得できる戦略があります。それは「納期より1日でも2日でも早く納品する」ことです。日程の余裕ができれば，大企業側も助かり信頼度が増します。万一何かあっても対応する時間が残されています。

　一代で精密小型モーター世界トップの**日本電産**を築き上げた創業者永守は，ベンチャー時代に自ら納期を半分にすることを目標設定した**納期半分戦略**を実行していました。これは早く納品すると喜ばれるし，万一，1回目の納品分が

不良品と検品されても，もう1回チャンスが生まれるという考え方です。これにより大企業の信頼を得て成長しました。まさに**「スピードが命」戦略**といえます。

■(3)の場合の戦略：「マーケットに注目した戦略」

　(3)のケースは，中小ベンチャー企業が大企業と同じ土俵で，なおかつ同じ製品で戦うというものです。例えば家電業界でいうと，ベンチャーが新製品を投入する場合，ほとんどの商品では大手有名メーカーがすでに製品を出しているところに，名前も知られていないベンチャー企業が同じ製品を投入していくことになります。この時，ベンチャー企業が不用意に戦いに出ても，知名度，資金力，技術者の陣容，販売部隊の規模などあらゆる面で勝る大手企業に勝つことはまずあり得ません。たとえ一時的に勝っても，長期的には勝ち続けることはないでしょう。このような大手企業を意識した経営戦略を，製造系ベンチャー企業は常に意識しておかなければなりません。大企業と戦うための戦略として一般的にいわれるものに，①特許を取れるものは特許で防衛する，②尖った技術（エッジの効いた技術）で真っ向から勝負する，があります。これ以外にも重要なものとして，**「マーケットに注目した戦略」**があります。次項でこの4つについて詳しく見ていきます。(→ 54項)

【製造業系中小ベンチャー企業が大企業と戦う戦略】

(1)大手が来ない小さな市場を押さえる戦略（特殊ニッチ市場を押さえる戦略）

(2)大手が活躍する大きな市場に小さな市場を作ってそこを押さえる戦略

(3)大手が活躍している大きな市場で特定の商品で戦う戦略

(4)大手が活躍している大きな市場で大手が新製品を投入する前に先回りして投入する戦略

【日本電産で見られた経営戦略（ビジネスモデル）】

①中小企業の大企業との取引「スピードが命」戦略

54 製造業系ベンチャーの大企業との攻防戦略②

　大企業はある程度大きい仕事でないと採算が合わないため，市場規模が小さい仕事は対象にしません。一般的によくいわれる「ニッチ戦略」とは，これを逆手に取った戦略になります。本項では前項の最後に挙げた「製造業系ベンチャー企業が大企業と戦う際の**マーケットに着目した4つの戦略**」をみます。

(1)　大手が来ない小さな市場を押さえる戦略（特殊ニッチ市場を押さえる戦略）

　まずは「大手が入って来ない特殊でニッチな市場を押さえる戦略」です。

＜事例＞　太陽工業㈱（52項に掲載）

　太陽工業㈱（大阪府）はテント屋根施工という特殊ニッチ市場では業界トップの会社で，世界シェア6〜7割を占めている（GNT）。この分野では豊富な実績があり，大阪万博，東京ドーム，サッカーW杯ブラジル大会のドーム屋根等を手掛けた。同社は素材開発にも力を入れており，セルフクリーニング機能を有する光触媒素材なども開発している。同社の売上高90億円（21/3期）であり，世界シェア6〜7割から逆算すると，推定世界マーケット規模は150億円とかなり小さい市場である。同社は小さくて，かつ特殊スキルが必要な**特殊ニッチ市場**をほぼ押さえることで大手の侵入を防ぐ戦略で事業基盤を築いている。

＜事例＞　日プラ㈱（52項に掲載）

　日プラ㈱（香川県）は水族館の水槽前面のアクリル樹脂パネルメーカーという特殊ニッチ市場で業界トップの会社で，世界でシェア7割を占めている（GNT）。この分野では豊富な実績があり，米モントレーベイ水族館，沖縄美ら海水族館，ドバイ水族館，海遊館，旭山動物園ペンギン館，すみだ水族館など国内外で多数の水族館を手掛けた。同社は水族館用の大型アクリルパネルの重合接着技術において独自の技術を持ち（3〜4cmのアクリル板16枚を接着し67cmの厚さに），水族館の水槽の幅でもギネス記録を自ら次々と更新している。売上

高 11 億円（2009 年）であり，世界シェア 7 割から逆算すると，推定世界マーケット規模は 15 億円と，極めて小さい市場である。同社は小さくて，なおかつ特殊スキルが必要な**特殊ニッチ市場**をほぼ押さえる戦略で大手の侵入を防ぎ，事業基盤を築いている。

⑵　大手が活躍する大きな市場に小さな市場を作ってそこを押さえる戦略

　⑴とほぼ同様の戦略ですが，⑴はマーケット自体が 1 つの独立した特殊市場だったのに対して，⑵は大企業が活躍する大きなマーケットの中の 1 つのセグメント化された分野を押さえる戦略となります。すぐ横に大企業が隣接しています。

＜事例＞　廣瀬製紙㈱（52 項に掲載）

　製紙業界は大規模な抄紙機（紙を抄く装置）を使う装置産業のため，大手が多い。大手は洋紙や新聞用紙など使用量の多い紙を製造している。それに対して廣瀬製紙（高知県）は，大手が作らない絶縁紙という特殊な用紙を作る。同社の作る絶縁紙は乾電池の陽極と陰極の間を隔てる部分に用いる特殊紙で，上記用紙と比べると生産量が少なく大手は入って来ない。しかも生産にあたっては技術的な難易度も高く，特に紙に合成繊維を混ぜる工程では合成繊維の撥水機能が原因で混合しにくい。しかし同社は発祥の土佐和紙作りの糊使いのノウハウを生かしてこれを可能にしている。このコアコンピタンスが大手の参入を阻んでいる。同社は他にも同技術を活かした難燃紙など特殊用紙も製造し，売上高は 46 億円（2022 年度）で業界トップシェアとなっている。

　同社は製紙業界という大きな市場の中で，小さくてかつ特殊スキルが必要な市場を押さえる戦略で大手の侵入を防ぎ，事業基盤を築いている。

＜事例＞　カイハラ㈱（52 項に掲載）

　カイハラ㈱（広島県）はデニム生地で国内シェア 50％ のトップ会社である。カイハラはもともと，絣（かすり，着物などに使われる藍染の生地）を作ってきた会社だが，戦後，絣の需要が激減し経営不振となった時に，ちょうど米国から入って来て流行り出したジーンズ用デニム生地の製造に事業転換した（**第 2 創業**）。その直後に，ジーンズの世界トップメーカーのリーバイスが，同社の

作ったデニム生地の染まり具合がダメージジーンズにちょうど良いと絶賛し，すぐに同社製デニム生地を採用することにした。リーバイスに採用されたことで，世界の名だたるジーンズメーカーだけでなく，日本でもユニクロが採用することになった。このようにカイハラは，絣（かすり）生地製造で培った染色技術のコアコンピタンスを活かして，アパレル生地メーカーという大きい業界の中で，ジーンズ生地に特化してトップメーカーとなり，市場を押さえて大手の侵入を防ぎ，事業基盤を築いた。

　アパレル業界の他の事例としては，「しまむら」が低価格のカジュアルウェアに，「ワークマン」は作業服に，「ユニクロ」はカジュアルウェアに，それぞれ分野を特化している。

⑶　大手が活躍している大きな市場で特定の商品で戦う戦略

　この戦略は，「**大手もそろって商品を投入しているところに得意な製品アイテムに特化して商品投入し，大企業の商品と戦う戦略**」となります。この戦略では大手企業と対等に戦うので，ネームバリューに優る大手の製品に負けないだけの突出した（エッジの利いた）性能があることが必須になります。この戦略で成功している事例には以下の企業があります。

＜事例＞　㈱千石

　㈱千石（兵庫県）はかつて一世を風靡した暖房器具（アラジンの石油ストーブ）を作っていた会社である。この会社が大手と戦っている一品は**トースター**で，大手はじめ多くのメーカーがさまざまな商品を出している競争の激しいアイテムである。その中にあって同社のトースターは売れ筋の１つに入っているが，同社の製品は，独自開発した速熱素子である「0.2秒で1300℃になるグラファイトヒーター」を搭載しており，外がパリパリで中がモチモチの美味しいパンが焼き上がると評判になっている（他社製品の多くはニクロム線で20秒かけて800℃に上がる）。千石は数ある家電業界の製品群の中で，トースターでは，大手に伍して善戦している。同社の技術面でのコアコンピタンスは，グラファイトヒーターとなる。

＜事例＞　テスコム電機㈱

　テスコム電機㈱（東京都，発祥長野県）は中堅家電メーカーで，美容家電と調理家電のみに絞って製品開発をしている会社である。同社が大手と戦っている商品はプロ向け（美容室）のヘアドライヤーで，大手もこぞって商品を投入している。同社製品は専門家である**美容室向けのヘアドライヤー**でなんと業界シェアの 7 割を占め独壇場になっている。同社ドライヤーの特長は風力が強いことで，洗髪後の髪を早く乾かせることが理由で重宝され，売れ筋となっている。これを可能にしているのは，同社の持つ優れた回転技術で，他にもこれを活かした調理家電のミキサーも評判が高く，ロングセラーとなっている。同社のコアコンピタンスは，この回転技術である。

⑷　**大手が活躍している大きな市場で，大手が新商品を投入する前に先回りして投入する戦略**（大手と直接ぶつからない戦略）

　この戦略は，大手が活躍する「マーケット」も「商品」も同じですが，時間差を利用して，大手が来る前に先回りして稼ごうという戦略です。大企業は組織が大きいため，製品開発をするのに時間がかかります。一方，中小ベンチャー企業は組織が小さいため小回りが利き，大手に比べ早く製品開発ができます。事例として既出のツインバード㈱（新潟県）は，大手が 1 つの商品を開発するのに 2 年かかるところを半年で開発し，先回りして市場投入する戦略をとっています。

55 ランチェスター戦略

　中小企業が圧倒的に多い日本（全企業数の99％）では，「中小企業が大企業と戦う戦略」は注目度の高い重要なテーマとなっています。本項では，この中小企業が大企業と戦う戦略として作られた**ランチェスター戦略**について学習します。ランチェスター戦略は，「弱者が強者と戦う場面を想定した戦略」で，「**弱者の戦略**」（第1の法則）と「**強者の戦略**」（第2の法則）があります。前者の「弱者の戦略」が，中小ベンチャー企業が大企業と戦う時の戦略となります。

　そもそもランチェスター戦略とは，イギリス人の航空工学の研究者 F.W. ランチェスターが第一次世界大戦の時に提唱した「戦闘の法則」です。兵隊数や戦闘機や戦車などの武器の性能が，戦闘力を決定づけることを研究したものです。その後，日本人の田岡信夫氏によりビジネス戦略として体系化されました。

　このランチェスター戦略には「**基本戦略**」と「**5つの戦法**」があります。「弱者の戦略」の「**基本戦略**」は「**差別化戦略**」であり，「**5つの戦法**」は「**局地戦，一騎打ち戦，接近戦，一点集中戦，陽動戦**」となります。それぞれの内容は次のとおりです。

【基本戦略】

　　「**差別化戦略**」……違う戦い方をする

【5つの戦法】

　　① 「**局地戦**」…………市場を限定して戦う

　　② 「**一騎打ち戦**」……競合が少ない，一騎打ち戦に持ち込む

　　③ 「**接近戦**」…………顧客に寄り添う（マーケットイン）

　　④ 「**一点集中戦**」……テーマを集中させる

　　⑤ 「**陽動戦**」…………意表を突く，すき間を突く，先回りする

■事例

　この5戦法は，ここまで見てきた事例企業の戦略に多数該当します（掲載外

もあり）。

① 「局地戦」……市場を限定する

- カイハラ　アパレル生地製造分野で「デニム生地」分野に限定
- 廣瀬製紙　製紙業で「乾電池の絶縁紙」分野に限定

② 「一騎打ち戦」……競合が少ない，一騎打ち戦に持ち込む（※掲載外もあり）

- 日プラ　「水族館の水槽パネル」という競合の少ない分野で戦う
- 太陽工業　「テント屋根」という競合の少ない分野で戦う
- 味の素　キユーピー独占のマヨネーズ市場に自社開発のマヨネーズを投入
- 大正製薬　オロナミンＣ（大塚製薬）独占の栄養ドリンク市場にリポビタンＤを投入

③ 「接近戦」……顧客に寄り添う（マーケットイン）

- ツインバード　工場の夏祭りに近隣住民を招きニーズを聞き出す

④ 「一点集中戦」……テーマの集中化

- ダイソン　大手がひしめく掃除機分野で新サイクロン方式を投入
- 千石　大手がひしめくトースター分野で新グラファイト方式を投入

⑤ 「陽動戦」……意表を突く，先回り，すき間

- ツインバード　大手が2，3年掛かるところを6カ月で商品開発し市場投入

図表5−6　ランチェスター戦略の全体像

		第一法則（昔の戦；戦闘力＝兵力×武器効率＝営業力）		第二法則（近代戦；戦闘力＝兵力[*2]×武器効率＝営業力）	
		弱者の戦略　（弱者＝シェア2位以下）		強者の戦略　（強者＝シェア1位）	
基本戦略	差別化戦略	違う戦い方をする	ミート作戦	直ちに模倣・追随する	
5つの戦法	局地戦	市場を限定する。地域・顧客・市場を絞る。ニッチ市場を狙う。	広域戦	地域や事業領域などを限定せず，大きな市場を狙う	
	一騎打ち戦	一騎打ち戦を選ぶ。ライバルの少ない市場を狙う	確率戦	製品のフルライン化や販売チャネルの多重化など，多少の共食いを覚悟して弱者の付け入る際をなくす	
	接近戦	エンドユーザーに接近し，顧客ニーズの把握や関係強化を図る	遠隔戦	広告や間接チャネルを使って遠隔の顧客も取り込む，離れて戦う	
	一点集中戦	事業の集中化を図り，ターゲットを決めて重点化する	総合戦	事業の総合化・多角化と物量戦（広告，販売チャネル，営業），あらゆる経営資源の総動員	
	陽動戦	小回りを利かせたゲリラ戦，奇襲戦。強者のやりたくないこと，できないことをやる。	誘導戦	自社の有利な土俵に誘導する	

（筆者作成）

56 第5章のまとめ

　本章の冒頭でも触れたとおり，製造業系の企業の場合，第4章のサービス業系・非製造業系とは違って，製造業ならではの共通の課題があります。第5章ではこの中で「特許戦略」「大企業との戦いに備える戦略」について取り上げましたが，取り上げなかった他のものも含めてまとめると下記のようになります。

(1) **元受けか下請けか？**　下請けの場合，そのままでいくか，それとも元受けの仕事を探すのか。（→ 事例：ホシザキ（45項）はミシンの下請けの立場から元受けの仕事を持たないといけないという考えを持ち，元受けの仕事を探し自動製氷機を開発することとした）

(2) **自社内完全製造か外部製造委託か？**　品質・コスト・効率性の観点からはどの方法がいいのか。

(3) **連続生産かロット生産かバッチ生産か？**　品質・コスト・効率性の観点からはどの方法がいいのか。

(4) **サプライチェーンはどうするか？**　原材料仕入れに関して業務の流れ・効率性・リードタイムなどの観点からはどのような体制を組むのがいいか。（→ 事例：トヨタのジャストインタイム方式は，この点で工夫を凝らした結果，日本発の世界的な生産方式）

(5) **運送体制は，個別配送か共同配送か自社配送か？**　コンビニは多頻度・共同配送体制。（→ 事例：しまむら（30項），シャトレーゼ（34項）は自社配送体制を構築した）

(6) **販売体制は，自社直接販売体制か代理店販売体制か？**　（→ 事例：ホシザキ（45項）は厨房機器の販売代理店を使えず直接販売体制を組むことにより，即時に修理対応できるメンテナンス体制を売りにした）

⑺　**従来品と比べてどう差別化していくのか？**　従来品に比べ**マイナーチェン**
　　ジをするか，抜本的に新しい画期的製品開発を目指すのか？　（→ 事例：
　　①ダイソン（51項）は当時，紙パック式掃除機しかなかった時に，まったく新し
　　い発想のサイクロン方式の掃除機を開発した，②グローバルニッチトップ企業
　　（GNT）では，ニッチ分野で他がやっていないユニークな製品開発を行っている）

⑻　**大企業との戦いに備える戦略はどうするか？**
　　⑴　大手が来ない，そもそも小さなマーケットを押さえる戦略
　　⑵　大手が活躍している大きなマーケットをセグメント化して小さなマー
　　　　ケットを作り，そこを押さえる戦略
　　⑶　大手が活躍している大きなマーケットで，特定のアイテムで大手と戦う
　　　　作戦
　　⑷　大手が活躍している大きなマーケットで，大手が新製品を投入する前に
　　　　先回りして勝負する作戦

⑼　**特許戦略はどうするか？**
　　①【特許戦略1】基本は「特許を取得する戦略」
　　②【特許戦略2】「特許の細部を登録しない戦略」
　　③【特許戦略3】「あえて特許を取得しない戦略」
　　④【特許戦略4】「改良特許」と「クロスライセンス」戦略
　　⑤【特許戦略5】「特許開放戦略」
　　⑥【特許戦略6】「特許申請せずに発明内容を公表する戦略」
　　⑦【特許戦略7】実施権で資金調達

⑽　**その他，事例に登場した個別戦略**
　　①標準化戦略（→ 事例：マブチモーター（41項））
　　②半製品化戦略（→ 事例：ミスミ（43項））
　　③速攻開発・即市場投入・評価は市場に任せる戦略（→ 事例：パール金属
　　　　（44項））

【注　記】

⑴　マブチモーター HP「製品情報＞製品使用例＞自動車分野」
　　（https://www.mabuchi-motor.co.jp/product/case/automotive.html）
⑵　経済産業省 HP「知ってますか標準化」
　　（https://www.meti.go.jp/policy/economy/hyojun-kijun/keihatsu/pamphlet/pdf/
　　doyouknowhyoujunka.pdf）

【参考文献】

出川　通（2004）『技術経営の考え方〜 MOT と開発ベンチャーの現場から』光文社
一志治夫（2013）『アンデルセン物語』新潮社
安藤百福（2002）『魔法のラーメン発明物語』日本経済新聞出版社
糀屋本店（https://tabizine.jp/2021/01/28/372833/）
糀屋本店（https://www.wikiwand.com/ja/%E6%B5%85%E5%88%A9%E5%A6%99%E5
　　%B3%B0）
ダイソン　https://ja.wikipedia.org/wiki ダイソン（企業）
ジェームズ・ダイソン（2022）『インベンション』日経 BP，日本経済新聞出版社
日本経済新聞社編（2004）『日本電産永守イズムの挑戦』日本経済新聞社
小林一雅（2022）『小林製薬　アイデアをヒットさせる経営』PHP 研究所

第6章

成功ベンチャーの
企業マネジメント

　ベンチャー企業を成功させるには，企業経営マネジメントの巧拙が
重要であるのはいうまでもありません。「モノを作って売る」「サービ
スを提供する」，これは企業活動の根幹です。しかし，企業がその活
動を行っていくには，それを支える管理部門の仕事が必要になりま
す。一般の会社でよく見かける組織でいうと，総務，人事，財務，経
理部門などで，バックオフィス部門ともいわれます。

　一方で，経営者が行うマネジメント業務とは，ヒト・モノ・カネの
3つの経営資源に準じていえば，①ヒトのマネジメント（＝人事管
理），②モノのマネジメント（＝サービス・製品の開発・製造・販売管
理），③カネのマネジメント（＝財務管理），の3つのマネジメントか
らなります。

　ここまで学習してきたのは，これでいうと「モノを作って売る」，
「サービスを提供する」部分で，これは上記3つのマネジメントでい
うと②「モノのマネジメント（＝サービス・製品の開発・製造・販売管
理）」になりますが，本章では残りの2つのマネジメントについて学
習していきます。

57 大胆な経営目標の設定

　成功したベンチャー経営者が行った経営マネジメントでよく見られるものに，組織を上手くまとめる手法があります。ベンチャー企業は起業時から成長して規模が大きくなってくると，経営者は従業員１人１人とコミュニケーションを密にすることが難しくなってきます。そうなると，経営者の考えが組織の隅々まで行き渡らなくなり，従業員の方向感がバラバラになってしまいます。このため経営者は，会社の規模が大きくなるにつれて，いかに自分の考えを上手く全体に伝え，組織をまとめるかが重要なテーマになります。

　このため，会社でよく行われている方法に，「スローガンを事務室に掲示する」，「社是社訓を掲示する」，「それを朝礼で唱和する」，「事業計画書を作って従業員に配る」，「社内報を発行する」，などがあります。

　とりわけ，成功したベンチャー企業では，非常にインパクトのある方法により目標を従業員に伝えることで，組織の一体感を醸成して組織を盛り上げ上手くまとめ，大きな目標を達成した手法が見られます。

　下記の企業はいずれも，社長が壮大な夢ともいえる長期目標を立てることで，従業員を驚かせながら印象付けて，組織をまとめ，見事に目標を達成した事例です。

■＜事例＞　丸亀製麺，粟田貴也（第32項）

　粟田社長は，創業10周年パーティーで，まだ丸亀製麺１号店を出したばかりの時に，いきなり「**10年後に１部上場企業になる**」と目標を発表した。突然の発表に社員は驚いたが，粟田社長がその目標を印字した写真立てにパーティーの集合写真を入れて全員に配り，自分の社長室にも飾ったりした。その後もことあるごとに目標を繰り返し言ううちに社員にも本気度が伝わり，目標達成に向けた一体感が醸成され，わずか６年後の2008年に目標通りに見事，

株式上場を果たした。

＜事例＞　星野リゾート，星野佳路（第61項）

　星野リゾートの星野社長は，会社備え付けのコーヒーカップの中に，「**会社の経常利益目標20%**」や「**リゾート運営の達人になる**」などの経営ビジョンをプリントさせたコップを用意し，社員がコーヒーを飲む時には，いつも目につくような仕掛け作りを行った。また社内の経営目標を「**Hospitality Innovator（おもてなしで革新を起こす）**」とした時には，これをプリントしたTシャツを作り全員で着用し，社員に会社理念浸透を図った。

＜事例＞　ソフトバンク創業者，孫正義

　孫社長は1981年，会社設立直後の，まだ社員がパート2名しかいなかった時に，朝礼で「**売上高を豆腐のように数える企業になる（＝1兆・・2兆・・）**」[2]と唐突な計画を宣言し，パートたちをびっくりさせた。しかし後年これを実現した。

＜事例＞　ユニクロ創業者，柳井正

　柳井社長は社長就任7年後の1991年（平成3年）に，社名を小郡商事からファーストリテイリング（店名：ユニクロ）に変更した時に，社員全員を前に，「**これからユニクロを全国にチェーン展開し，毎年30店舗ずつ出店する。3年後には100店舗を超えるので，そこで株式店頭公開を目指す。**」[3]と話した。この突然の発表にその場にいた社員全員が驚いたが，3年後に実際に達成した。そしてその直後に今度は「**東証上場を狙う**」と宣言し再び全員を驚かせたが，それも3年後に達成すると，さらに2003年の店長会議で「**2010年の売上高1兆円を目指す**」と宣言し，その後これも見事に達成した。

■＜解説＞　経営の短期目標（1年），中期目標（3年），長期目標（5年）でいうと，上記の成功ベンチャーの経営者が掲げた目標は，長期目標になります。社長は時として大きな夢を語ることも必要です。言い続けることで社員に本気度が伝わり，社員もその気になり一体感が生まれ，全員で目標達成に邁進していくことができます。

58 人事マネジメント戦略の概要

　企業運営において"ヒトのマネジメント（人事管理）"とは、「従業員を採用して（採用），職務を与え（職務付与），働いてもらって（職務遂行），その働きぶりを評価し（人事評価），給与を決め（給与査定），その成果に応じて次のポジションを与える（職制付与）」という一連の業務をいいます。

　それぞれの業務の執行は，中期的な採用計画，従業員の人員計画，給与水準計画，組織体制計画，要員計画などに基づいて行われます。

　企業は人で成り立っていて，優秀な人を集め，その人が立派に育ち，大きな活躍をしてくれれば，企業も大きく成長します。その意味では"ヒト"は経営資源のうち，一番重要であるといえるかもしれません。

　がんこ寿司創業者小嶋淳司社長は，「企業はヒト・モノ・カネというが，私は企業はヒト・ヒト・ヒトであると考えている。ヒトが全て。従業員が力を発揮してくれればなんでもできる」といっています。

　ベンチャー経営者は，起業直後は組織も小さく，何から何まで経営全般を見なければならず，多忙な日々を送っています。会社経営マネジメントでいうと，「モノを作って売る」，「サービスを提供する」の販売マネジメントに大半の時間を割かれていて，「ヒトのマネジメント（人事管理）」にはそう多くの時間をかけられないのが実情です。しかし極めて大事な人事マネジメントを疎かにはできず，そのためには，ポイントを押さえた運営をすることが重要になります。

　採用後の「ヒトのマネジメント（人事管理）」の中で中心となるのは，「人事評価制度」「給与体系・給与査定」「ポスト処遇」の3つになります。この3つの運営のポイントは以下のようになります。

　まず「人事評価制度」については，多くの場合1年単位で，その人の働きの成果・頑張り度合を評価するところから始まります。「一生懸命頑張った人を

きちんと評価してあげる」，この当たり前のことをきちんと行えるように評価制度を整備することが基本です。その1年間の活動を評価するためによく使われるのが「目標管理制度」です。年度の始めに目標を設定し，年度末に本人と上司で擦り合わせながら一緒に計画の達成状況を確認します。こうしてその人の隠れた頑張りも見落さないようにします。このような制度を通して，社員の1年間の頑張りや成果を，上司そして会社がきちんと把握することができる，これがなにより一番重要です。

　次の「給与体系・給与査定」ですが，この基本はきちんと体系を整備するところから始まります。いわゆる「給与規定」，「賞与規定」が規定としては中心になりますが，それに上記の目標管理制度によって，1年間の社員の頑張り度合の評価と，当該規定に従って客観的に給与査定をしていくという制度作りを行うことが重要です。

　最後の「ポスト処遇」では，頑張り具合，実績を上げた人を評価するのに加えて，またリーダーシップ，専門能力など特性・能力評価も加味して，総合的に人物評価し，適材適所のポストを処遇していく形になります。ここで大事なのはポスト処遇も評価者によるばらつきが起こらないよう，複数の目で見るような制度作りを行うことが大切です。

　ベンチャー企業では，起業時は以上のような制度が未整備なところが多いと思います。しかし従業員の増加で，組織が大きくなってきた時には，後手に回らないよう早めに制度整備していくことが重要です。これらを整備していくことが，「ヒトのマネジメント（人事管理）」で基本になります。

　そして，整備した制度に基づいて，客観的，公平に，人事評価運営をすることが重要ですが，そのためには大きくなった組織では複数の目で評価することが必要で，その時課題になって来るのが，組織の規模拡大に応じた「トップの権限移譲」の問題です。トップは組織の拡大に伴って「権限移譲」をしていかなければなりません。そして部長・グループ長など複数人の目を通して，評価することが重要です。次項では，このような「企業規模の拡大に応じた経営トップの権限移譲の在り方」についてみていきます。

59 成長段階で変わるトップ像①： グレイナーの成長モデル

　ベンチャー企業を成功させる人事マネジメントのテーマに「創業経営者の権限委譲の問題」があります。

　前項の人事マネジメントにおいて，起業直後のまだ従業員の人数も少ない段階では，トップは従業員1人1人に目を行き届かせることが可能で，その働きぶりを傍で観察することもできます。目標を達成した人，陰ながら頑張った人，また個人能力などもトップ自らが直接知ることができます。したがって，前項の人事マネジメントの3つの重要事項である「人事評価」「給与査定」「ポスト処遇」も概ね公平な人事評価をすることができます。

　しかし次第に企業規模が大きくなってくると，トップが従業員1人1人に目を行き届かせることは難しくなってきます。一般的には，1人の人が部下を把握できるのは100人までは大丈夫，200人を超えるとやや怪しくなって来て，300人になると限界を超えるといわれています。

　また一方，従業員数が多くなってくると，組織が形成されるようになり，部・課・グループなどができてきます。そしてそこに部長・課長，グループリーダーなどといった部門リーダーの職制が設置されます。部門リーダーには，リーダーとして組織をまとめて運営していけるよう決裁権が一部与えられていきます。いわゆる権限移譲ですが，この権限移譲は起業時にすべての権限を持っていた創業社長から切り分けされていくことになります。社長から社長に近い経営幹部へ一部が譲渡され，そしてさらにその一部が部長・チームリーダーへと譲渡されていきます。そして社長は，会社のより大きな問題とか大所高所からの重要事項の経営判断に集中する，というような「権限の分化」が行われていきます。この職制ごとの権限は社内規定で定めていきます（この規定を「職務分掌規程」あるいは「職務権限規程」などといいます）。これは大きくなった組織では，効率的組織経営のため必然の形といえます。

　ところが，創業以来，社内のすべての権限を持ってきた創業社長が，その権限を保持し続けることに固執してしまうケースが時々みられます。創業社長にとっては一部でも権限を譲ることは認めがたいことかもしれません。しかし従業員規模が300名クラスになっても，「私は大丈夫，これぐらいの規模ならまだまだ組織の把握はできる」と，その立場に固執して権限を譲らなかったらどうなるでしょう。従業員1人1人の働きぶりに目が届かず，社長の受けがいい人，要領の良い人など，社長の目に留まる人だけが取り立てられ，上位ポストを得たり，給与が上がるなど不条理な人事運営が行われることに繋がる。その結果，多くの従業員がやる気をなくし，会社のパフォーマンスが著しく落ち，ひいては退職者が続出し，内部崩壊する事態に陥る。創業以来，全権を握ってきた社長はこのことを理解し，徐々に権限移譲をしていくことがベンチャー企業の成長にとって重要なテーマです。

　この権限移譲について，企業の従業員規模が増える過程で，どのように行うのが良いかを研究したものに「グレイナーの成長モデル」があります（下図）。

図表6-1　グレイナーの成長モデル

	第1段階	第2段階	第3段階	第4段階	第5段階
人員規模	3人～50人の組織	50人～100人の組織	100人～300人の組織	300人～1,000人の組織	1,000人以上の組織
成長	創造性による成長	指揮による成長	権限移譲による成長	調整による成長	協働による成長
危機	統率の危機	自主性の危機	統制の危機	形式主義の危機	新たな危機

出所：『グレイナーの成長モデルの図』[1]に筆者一部加筆修正

60 成長段階で変わるトップ像②：井筒まい泉

前項の「グレイナーの成長モデル」によると，第1段階（従業員50名までの規模）での経営トップのあるべき姿は「創業者・社長が個人的に牽引する」であり，第2段階（従業員が50名超100名まで）になると「組織が形成され部門長が生まれるが，社長が牽引する」で，第3段階（従業員が100名超300名まで）では，「社長は部門長に権限移譲して組織を運営する」となります。したがって300名を超えた組織では，「職務分掌規程」などを導入して，権限移譲の整備を完了していなくてはいけません。にもかかわらず，経営者がいつまでも権限移譲できずに全権限を握ったままでいると，会社運営上，随所に問題が発生し，社内が混乱し，最後に会社は崩壊していきます。以下の事例は，従業員が300名を超えたにもかかわらず，権限移譲できなかった社長の例になります。

■＜事例＞　井筒まい泉

とんかつ屋の井筒まい泉（渋谷区）は，レストラン，とんかつの惣菜店・弁当店，とんかつサンドの小売りを行う有名企業です。井筒まい泉は主婦だった小出千代子が日比谷でとんかつ屋を創業した会社で，最初はカウンターだけの小さな店だったが，経営手腕を発揮して一代でレストラン40店舗，年商120億，従業員300名を超える中堅企業に成長させました。

小出はとんかつの揚げ方から，経営状況の管理，従業員全員の人事評価（店長登用）などすべての面で陣頭指揮を執り，あらゆる権限を持って，経営手腕を発揮し会社を大きくした。

しかし，会社が成長し300名規模になっても，そのワンマンのスタイルを変えず，それどころか一段と権限を強め，小出に意見したものを強く叱責するようになり，そのうち誰も小出に逆らうことができなくなっていった。従業員は自分で考えて動けなくなり，常に小出の顔色を窺い，小出の指示を待つだけに

なった。人事評価面でも，小出が従業員1人1人の給与，処遇もすべて一人で決めていた。従業員が300名になると全員の働き振りを見るのは不可能で，自分の目に留まる人，気に入った人だけを重用し，従業員は頑張って目標を達成しても評価されなくなり，また人事評価制度，給与制度もなかったことから，店長に昇格してもどれだけ給与がアップするのかもわからなかった。また店の損益状況も社長一人で管理し，店長にも開示しなかったため，店長は自分の店が儲かっているかどうかすらわからなかった。従業員は次第に，働いている意味がわからなくなり，やる気をなくし，やがて会社の組織は崩壊寸前となっていった。小出が権限移譲をしなかったことが，このような状況を招いた。

■＜解説＞　このケースでは，前項のグレイナーの成長モデルによると，小出は本来であれば，従業員が50名〜100名のところから，徐々に，人事管理や，業績管理などの権限を少しずつ部門長に譲渡していくべきでした。またその裏付けとして「職務分掌規程」の導入もすべきでした。

　にもかかわらず，従業員が300名を超えても会社のすべての権力を握り続け，それどころか強権的なワンマン状態に進み，人事マネジメント面で，頑張っている人を評価せず，周りをイエスマンだけで固めてしまう体制にし，社内を混迷状態にしてしまいました。

　一般的に，ベンチャー企業では，企業成長の段階に応じて，「ステージごとに相応しい人がいる」とよくいわれます。「創業者，**中興の祖**」などといわれるもので，企業が成長していくごとに，適任者が変わっていくというものです。小出の場合，創業期に手腕を発揮する人材だったといえます。

　なおその後，井筒まい泉では，幸いにも小出が最後のところで，もはや自分が代わった方が良いと自覚し，サントリーに会社を売却しました。サントリーから送り込まれた新社長は，人事制度がまったく整備されていないことに驚き，直ちに人事制度の基本である「人事評価制度」「給与体系・給与査定」「ポスト処遇制度」の基本制度を整備し，部門長への権限移譲制度も整備し，業績管理の開示制度も整備した組織的経営を導入し，社内も活気を取り戻しました。

61 成長段階で変わるトップ像③：星野リゾート

　星野リゾートは近年，成長著しい人気のホテルチェーンで，国内人気ランキングの上位に入る施設を多数保有しています。これは星野佳路社長の経営手腕によるところが大きく，星野は「権限移譲」の人事マネジメントを導入しました。従業員のインセンティブを高めたり，従業員の発案を大切にして個性あるホテル作りに成功しました（「グレイナーの成長モデル」の第3段階の「権限移譲経営に該当」）。

■＜事例＞　星野リゾート

　㈱星野リゾート（長野県北佐久郡）の星野佳路社長は，軽井沢の星野屋旅館の2代目であるが，米国の大学でホテル経営学を学び，星野旅館を再構築して星野リゾートを立ち上げた（＝第2創業）。星野リゾートの成功の理由は，個性的なホテル・旅館を作りあげたことにある。星野は従業員のインセンティブを高める環境作りが社長の仕事だとし，権限移譲のマネジメントをし，各ホテルの出し物の立案・決定を従業員に任せた。

　星野リゾートは倒産したホテルの再生を手がける手法を取り入れることを主に行ったが，倒産した青森県の「旧古牧グランドホテル」を再生した「星野リゾート青森屋」でも，権限移譲のマネジメントで成功した。

　このホテルは由緒あるホテルで，かの渋澤栄一の秘書だった杉本行雄が建てたもので，80年代には青森県一の観光地として栄えた。当時，旅行新聞社の「行ってみたい観光地」に10年連続で選ばれるなど，日本一の観光旅館といえるほどの旅館だった。しかし拡大戦略が裏目に出て，バブル崩壊とともに客足が途絶え，施設の老朽化もあって人気が低下し，遂に2004年に220億の負債を抱えて経営破綻し倒産した。

　その後，2005年に星野リゾートが買収し経営立て直しに入ったところ，バブル

崩壊だけが原因ではないことが見えてきた。新しい総支配人が着任した時，役員・幹部社員は白布を掛けたテーブルを前に起立し，直立不動状態でお達しを待つような姿勢をとった。そこで新支配人は，皆でフランクに一緒になって今後の経営について考えていこうと言ったが，やはり「我々が考えるなんて無理なのでどうぞご指示ください」と指示を待った。これは前経営陣による強力なトップダウン経営の影響によるもので，社員は，社長の意向に沿わないとすぐにクビになるような職場だったので，叱られないように過ごすことしか考えなくなり，モチベーションが低下しきっていたのだ。ここにも倒産の原因があった。

　そこで星野が再生のために行ったのは，**フラットな組織作り**だった。まずは地元ならではの出し物を用意することにし，それを地元のことは地元の人が一番知っている（ここで働くスタッフの8割は地元の人）として，スタッフ全員で考えさせることにした。その時の条件として，総支配人，料理長，接客スタッフも上下の立場に関係なく，全員で自由に意見を出し合うこととした。

　こうしてスタッフが発案した出し物の1つに，青森で有名なねぶた祭りを再現した出し物で，それも「青森ねぶた」だけでなく，「弘前ねぷた」，「八戸の三社大祭」の3つのねぶたを夕食時に同時に観劇できるという見ごたえのあるものが出来上がった。また朝食バイキングでは，かっちゃ（おかあさん）に扮したスタッフが「よぐ来たねぇ」などと津軽弁で雰囲気を出して青森の郷土料理を提供するものや，青森で有名なりんごの色々な品種を，「りんごガチャガチャ」という形で提供するものなども考案された。これらの出し物がいずれも高い評判を得て，個性的なホテルとして急速に人気が高まった。そして，経営破綻からわずか5年で黒字を達成し，泊まりたいホテルランキングの上位の常連に入るほど見事に復活した（参考文献：『星野リゾートの教科書』）。

■＜解説＞　星野は，従業員のやる気を高めることが社長の仕事だと考え，「星野リゾート青森屋」では，従業員が主体的に出し物のアイデアを考える**ボトムアップ方式**を採用しました。そして「指示待ち」組織から「自ら考える」組織に変貌させることで再建を成功させました。星野は同じ手法で，倒産した北海道のトマムリゾートでも再建を成功させています。

62 財務マネジメント戦略①： 概要

　これまで指摘したように，ヒト・モノ・カネの３つの経営資源のマネジメントの中で，ベンチャー経営者が一番長く時間を割くのはモノのマネジメント（＝サービスの開発管理 or 製品の製造管理，および販売管理）であるため，他のマネジメントは要点を押さえたマネジメントが必要としました。そこで本項ではカネのマネジメント（＝財務管理）の要領を説明します。財務管理は，主として「業績管理」「資金管理」「資金調達管理」の３つがポイントになります。

■業績管理

　「業績管理」の一番の目標は「売上高の管理」と「利益の管理」になります。会社は通常，年度始めに，この２つの**年度計画**を立てます。そして事業年度が進むにつれて，年度計画どおりに売上高が進捗しているかどうかを月単位で管理していきます。この年度予算と各月実績を比較する作業を**予実管理（予算と実績の管理）**といいます。この予実管理は通常，**月次試算表**を用いて行います。この予実管理で年度計画の遂行ペースをチェックして，もし遂行ペースが年度予算を下回っているようであれば，１年の決算を待たずに，すぐに原因を分析し対策を打っていきます（＝「**差異分析**」という）。この月次試算表の作成や分析および対策案は，担当セクションが立案しますが，この月単位の遂行状況の確認と対策の指示は経営者の重要な業務になります。

　また同様に**利益管理**についても，予算とのズレがないか月単位で検証していきます。利益管理の場合は，「損益計算書上の利益５段階」である「売上高総利益，営業利益，経常利益，税引前利益，税引後利益」のどの段階でズレが発生しているのかを分析する必要があります。そして売上高管理と同様に，そのペースを確認して，遅れている場合はその原因を分析し対策を指示することが経営者として重要な業務になります。

　そして一事業年度が過ぎ，年度決算となると，月単位で行っていたのと同様に年度計画と1年間の実績を比較してブレがあった場合は原因を分析し，次年度に向けた対策の策定および指示，次年度計画の策定，続いて年度決算で特有な業務である株主総会の開催・議事運営を行い，株主配当額の決定，次年度計画の株主承認の取得と，経営者の重要な業務が続きます。

　また，これらの決定事項について，ベンチャー企業では，ステイクホルダーといわれる株主，借入先の銀行，投資家など利害関係者に，経営者自らが説明に回ることも重要な役割になります。

　なお，業績管理で経営者にとって何より重要なのは，「赤字を出さないこと」で，黒字を続けられるように最大限の努力をしなければいけません。

■**資金管理**

　資金管理は，**現預金の残高を管理（キャッシュフロー管理）**することです。決算上利益が出ていても，銀行口座の現預金の残高が連動せずズレることがあります。もし現預金の残高が不足すると，取引先からの支払請求の銀行決済ができなくなって不渡りが発生し，これが2回続くと銀行取引停止処分，即ち倒産になります。利益が黒字なのに，銀行の残高不足で倒産することを**黒字倒産**といいます。売上が立ってもお金が付いてこずズレるのは，売掛金，手形，クレジット，電子マネー支払いなどでは，会社に現金が入るのが遅れるためです。経営者は，担当者が作成する「**資金繰り表**」で銀行残高の確認（実績・予想）を自ら月1回は行っておくことが重要です。

■**資金調達管理**

　外部から資金調達（銀行・投資家）をしなければならない時は，時間がかかるので十分な計画を立てて余裕をもって進めることが必要です。年度末に次年度の「**資金計画**」「**資金調達計画**」で，外部からの調達希望金額，調達先，調達方法などの計画を立てて，早めに経営者自らが銀行・投資先へ相談に足を運ぶことも，スタートアップ企業にとっては重要な業務になります。

63 財務マネジメント戦略②：株式上場

　ベンチャー企業（スタートアップ企業）が，起業した直後に掲げる目標として「株式上場（IPO）の達成」がよくあります。ここでは株式上場についてみてみます。ベンチャー企業がIPOを目標にするのは，株式上場企業になると成功企業とのステイタスが得られて，各種メリットも享受できます。株式上場とは，証券取引所で自社の株式を売買できるようにすることです。証券取引所は現在，東京証券取引所（東証），名古屋証券取引所（名証），福岡証券取引所（福証），札幌証券取引所（札証）の４つがあり，それぞれが次のような市場を開設しています。

1. 東証 → （プライム，スタンダード，**グロース**）の４市場
2. 名証 → （プレミア，メイン，**ネクスト**）の３市場
3. 福証 → （本則，**Q-Board**）の２市場
4. 札証 → （本則，**アンビシャス**）の２市場

　それぞれ証券取引所がカッコ内の名称の複数の市場をもっていますが，このうち太字が，ベンチャー企業（スタートアップ企業）が株式上場を目指すときの市場になります。ベンチャー企業が年間に新規に上場する社数は，最近では約100社程度となっています。株式上場をするには，証券取引所の審査を通る必要があります。

　なお時価総額（発行済株式数×株価）が1,000億円以上（米国10億ドル以上）の評価の高い企業を**ユニコーン企業**と呼び，大成功した企業と評価されます。

　次に，すべての企業が株式上場を目指すべきかどうかについて考えてみます。まず「株式上場するメリット・デメリット」には次のような点があります。

■株式上場をするメリット

① 「会社の知名度がアップする」 → さまざまな面でメリットが生まれる
② 「会社の社会的信用が高くなる」 → 営業，採用，融資面で有利になる

③ 「資金調達の幅が広がる」→ 直接金融での資金調達の幅が広がる（市場で最初に公募増資することを IPO=Initial Public Offering といいます）

④ 「創業者の利益実現」→ 創業者が保有する自社株式を一部売却する

⑤ 「従業員の士気の向上」→ ストックオプション，従業員持株会の制度発足

⑥ 「上場審査過程で健全な経営体制を整備できる」→ 内部管理体制の充実，コンプライアンスの遵守

■株式上場のデメリット

① オーナーの支配権の希薄化

② 外部株主の参入，株主役員の受け入れ

③ 買収リスクの増大

④ 株主要請から短期経営成績が問われるようになる →「長期的な視点」より「単年度の業績アップ」へのプレッシャー⇒株価アップ期待

⑤ ディスクローズの負担増（四半期開示）

⑥ 株主総会の運営負担増

⑦ 上場準備負担，上場維持費用負担等の発生

⑧ 株式公開準備の負担大

以上のように，株式上場をすることはメリットがあるだけではなく，デメリットもあります。一概にすべての企業が株式上場を目指すことが良いとはいえません。スタートアップ起業家も株式上場を目指すかどうかはこのような点を踏まえて，自社の経営スタイルを勘案しながら判断していくことが重要になります。なお，次のような有名企業も株式上場をしていません。

1. サントリー（サントリーホールディングス）

2. 東京メトロ

3. 竹中工務店（大手5社の中では唯一の非上場企業）

4. 日本生命，明治安田生命（保険会社が相互扶助の精神で成り立っているため）

5. 5大新聞（読売，朝日，日経，産経，毎日）……(報道の自由を守るため)

6. 小学館，講談社……報道の自由を守るため（とりわけ週刊誌）

64 リスクマネジメント（コンプライアンス）①：景品表示法

　ここまでで，企業経営マネジメントの根幹である「ヒト，モノ，カネの３つのマネジメント」みてきましたが，本章ではもう１つ，これらと同じレベルの重要なマネジメントである，**企業経営のリスクのマネジメント（リスクマネジメント）** について，なかでも最も重要な**法令遵守（コンプライアンス）** を見ます。この法令とは会社法をはじめとする企業経営に関わるすべての法律になりますが，ここでは経営者が見落しがちなものを４回にわたって見ていきます。

　本項でまず取り上げるのは「**景品表示法**（消費者庁所管）」です。法律の正式名称は「不当景品類及び不当表示防止法」で，通称「景品表示法」，「景表法」と呼ばれます。景品表示法は２つの行為，すなわち「**不当表示**」と「**過大な景品類の提供を禁止**」を定めている法律ですが，ここでは特に毎年コンスタントに摘発されている前者の「不当表示」について取り上げます。「不当表示」とは商品の表示・広告に関して実際より良く見せようと，商品サービスの品質，内容，価格等を偽って表示・広告することをいいます。消費者庁の摘発件数は，令和１年57件，同２年48件，同３年56件，同４年58件，と毎年50件程度でコンスタントに摘発される状況が続いています。

　「不当表示の禁止」の内容は，「自社商品を良く見せるために実際以上に過大広告をする行為の禁止」で，ベンチャー経営者が違反しがちなところです。「不当表示」には「**優良誤認**」といわれる「商品・サービスの**品質や規格**などを良く見せるための虚偽表示」と，「**有利誤認**」といわれる「商品・サービスの**価格や容量**などを良く見せるための虚偽表示」の２つがあります。

　「優良誤認」の事例を挙げると，次のようなものがあります。①セーターに「カシミア100％」と表示していたが，実際には「カシミア混毛率80％」であった。②「翌日配達」と表示していたが，実際には「一部の地域」にしか届いていなかった。③実際は「輸入牛肉」なのに「国産有名ブランド牛の肉」と

表示した。④10万キロ以上走行した中古自動車に「3万5千キロ走行」と表示した。⑤ある商品を売ろうとして「この機能はこの携帯電話だけ」と表示していたが，実際には他社の携帯電話にも同じ機能が装備されていた，など。

　一方「有利誤認」の事例は下記になります。①「地域最安値」と表示したが，実際には他店よりも高かった。②競合店の平均価格から「値引きする」としながら，その平均価格を実際の平均価格よりも高い価格に設定し，そこから値引きしていた。③優待旅行を「特別価格5万円で提供」としていたが，実際は通常価格と変わらなかった。④「他社商品の1.5倍の量」と表示していたが，実際には他社商品と同程度の内容量しかなかった。⑤携帯電話の販売価格で，実際には自社に不利となる「他社の割引サービスを除外した料金比較」でありながら，あたかも自社が最も安いかのように表示した，などです。

【違反事例】公正取引員会による実際の景表法違反の摘発事例

- 2022年（令和4年）6月㈱あきんどスシロー

　ウニやカニの目玉商品を，実際には在庫がないのに販売しているかのように宣伝していた。

- 2019年4月イオンペット㈱

　同社サービスの「ペットホテル」で「お散歩朝夕2回」と記載していたが，実際には店舗によっては屋外での散歩をしていなかった。

- 2019年3月㈱エー・ピー・カンパニー

　同社の地鶏料理店「塚田農場」で，メニュー表にすべて地鶏を使っているように記載していたが，実際には養鶏鳥のブロイラーを使っていた。

- 2018年10月チムニー㈱

　同社の居酒屋「はなの舞」で「当日空輸で到着する鮮魚を使った刺身を提供」としていたが，実際には物流センターで1日保管していた。

■＜解説＞　ベンチャー経営者はつい実際以上の誇大広告をしてしまいがちなようですが，以上のような誇大広告は許されませんので注意が必要です。

65 リスクマネジメント（コンプライアンス）②：独占禁止法

　リスクマネジメント（コンプライアンス）の2つ目は「**独占禁止法**（公正取引委員会所管）」です。正式名称は「私的独占の禁止及び公正取引の確保に関する法律」といいます。この法律の目的は，「自由経済社会において，企業が守らなければいけないルールを定め，公正かつ自由な競争を妨げる行為を規制すること」となっています。言い換えると「企業は市場において自由闊達に企業間の競争をして，消費者により安い商品やより良い商品を供給しなければならず，これを阻害する行為は消費者のメリットを奪うことになるので，そのような行為は取り締まる」というものです。

　同法では「不公正な取引方法」として，「1. 私的独占，2. 不当な取引制限，3. 事業者団体の規制，4. 合併や株式取得などの企業結合規制，5. 独占的状態の規制，6. 不公正な取引方法に関する規制」の6つを挙げています。

　ここでは，この6つのうち中小ベンチャー企業にとって身近な「6.不公正な取引方法に関する規制」について，そこで定められている11項目「①共同の取引拒絶，②差別的対価・差別取扱い，③不当廉売，④再販売価格の拘束，⑤優越的地位の濫用，⑥抱き合わせ販売，⑦排他条件付取引，⑧拘束条件付取引，⑨不当顧客誘引，⑩不当高価購入，⑪競争会社に対する内部干渉」のうちの下記4項目について解説します。

①共同の取引拒絶

　複数の事業者が共同して，特定の事業者との取引を拒絶したり，第三者に特定の事業者との取引を拒絶させたりする行為を禁止しています。例えば「新規事業者の開業を妨害するため，原材料メーカーに新規事業者への商品供給をしないよう共同で申し入れる行為」などがこれに当たります。

②差別的対価・差別取扱い

　取引先や販売地域によって，**商品やサービスの対価に不当に著しい差を付けたり，その他の取引条件で差別する行為**は禁じられています。例えば「有力な事業者が競争相手を排除する目的で，競争相手の取引先に対してのみ**廉売**して顧客を奪ったり，競争相手と競合する地域のみ**過剰なダンピング**を行ったりする行為」がこれに該当します。

④再販売価格の拘束

　小売業者等に自社の商品を**指定した価格で販売させる**ことは，最も重要な競争手段といえる価格を拘束するため，原則として禁止されています。ただし書籍，雑誌，新聞，音楽用CDなど著作物については例外になります。

⑤優越的地位の濫用

　取引上「優越的地位」にある事業者が，取引先に対して不当に不利益を与える行為は禁じられています。例えば，「**発注元の一方的な都合による押しつけ販売**，返品，従業員派遣要請，**協賛金の要請**などの不当な行為」がこれに該当します。

　→ **【近似事例】**（本書で取り上げた事例）

　シャトレーゼ（第34項参照）

　　シャトレーゼは創業初期，卸売りの形態であった時に，卸先のスーパー・百貨店から「スーパーの店舗改装時の協力金要請」を受けたり，「デパート外商から500万円もする高級時計の購入依頼」を受けたという。

■**＜解説＞**　「独禁法」は，法律名称の印象と違って，ベンチャー企業にとっても日常の身近な取引行為を規制しているものが多く，スタートアップ起業家も加害者・被害者とならないよう十分な注意が必要です。

66 リスクマネジメント（コンプライアンス）③：下請法

　リスクマネジメント（コンプライアンス）の3つ目は，「**下請法**（公正取引委員会所管）」（正式名称「下請代金支払遅延等防止法」）です。親事業者の下請事業者に対する優越的地位の濫用行為を規制する法律です。例えば，親会社による「支払の遅延」や「代金の引き下げ」といった不当行為を防ぐために作られた法律です。なお，下請法においては親事業者と下請事業者を業種ごとの資本金で定義しており，下請法の対象となる取引も「製造委託」，「修理委託」，「情報成果物作成委託」，「役務提供委託」の4種類と定められています。

1. 下請法における親会社の遵守義務（親会社が守る4つの義務）

　「発注書面の交付」「支払期日の設定」「取引記録の書類の作成・保存」「遅延利息の支払い」

2. 下請法における親会社の禁止行為（11個の禁止行為）

　①**受領拒否**　下請事業者が納入してきた物品等を，下請事業者に責任がないのに受領を拒む行為。

　②**下請代金の支払遅延**　物品等を受領した日から起算して，60日以内に定めた支払期日までに下請代金を全額支払わない行為。

　③**下請代金の減額**　発注時に決定した下請代金を，下請事業者に責任がないにもかかわらず発注後に減額する行為。

　④**不当返品**　不良品等明らかに下請事業者に責任がある場合を除いて，下請事業者から納入された物品等を受領後に返品する行為。

　⑤**買い叩き**　発注の際，通常支払われる対価に比べて著しく低い金額を下請代金として定める行為。

　⑥**購入強制，利用強制**　下請事業者に対し親事業者の指定する製品（自社製品を含む）や原材料等を強制的に購入させたり，サービス等を強制的に下請事業者に利用させて対価を支払わせたりする行為。

⑦**報復措置**　　下請事業者が親事業者の違反行為を公正取引委員会もしくは中小企業庁に知らせたことを理由として，取引を減らしたり停止したりするなど不利益な取扱いをする行為。

⑧**有償支給原材料等の対価の早期決済**　　下請事業者の給付に必要な部品や原材料を親事業者が有償で支給する際，下請事業者に責任がないのに下請代金の支払期日より早く支払わせたり，下請代金から控除（相殺）したりする行為。

⑨**割引困難な手形の交付**　　下請代金を手形で支払う場合，支払期日までに一般の金融機関で割引くことが困難な手形（120日を超える手形）を交付する行為。

⑩**不当な経済上の利益の提供要請**　　下請事業者に対して，金銭やサービスなど経済上の利益を提供させることにより，下請事業者の利益を不当に害する行為。

⑪**不当なやり直し，不当な給付内容の変更**　　下請事業者に責任がないのに発注の取消や発注内容を変更する，または受領後にやり直しをさせる等をして，下請事業者の利益を不当に害する行為。

【違反事例】（公正取引員会 HP より下請法違反の摘発例）

2023 年（令和 5 年）3 月㈱キャメル珈琲

　同社が運営する「カルディ」が下請事業者（納入業者）に納入品を不当に返品するなどしたとして，下請法違反（不当な返品の禁止）で再発防止を勧告された。下請法は納品後に品質検査を経ないで返品することを禁じているが，同社はドレッシングや菓子などの食品とマグカップやエコバッグといった雑貨のプライベートブランド商品の製造を委託した 67 社に対し，検査を経ずに「商品の外装箱がつぶれている」などの理由で返品していた。

■**＜解説＞**　　下請法の所管は公正取引委員会で，違反があった場合は親事業者に対して，原状回復措置命令や罰金・違反事業者の社名公表などが行われます。スタートアップ企業は法令違反をしないよう注意しなければなりません。

67 リスクマネジメント（コンプライアンス）④：製造物責任法（PL法）

　リスクマネジメント（コンプライアンス）の最後は「**製造物責任法**（PL法＝Product Lia-　bility)」です。この法律は，製造物の欠陥が原因で生命，身体又は財産に損害を被った場合に，被害者が製造業者等に対して損害賠償を求めることができることを定めた法律です（消費者庁所管）。

　例えば，購入したテレビが，突然火を噴いたり，爆発したりすることによって，人が怪我をしたり，火事になったり，最悪の場合，死亡者が出るといったケースがこれに該当します。同法では「**製造業者等は，引き渡した「製造物」の欠陥により他人の生命，身体又は財産を侵害した時（＝拡大被害）は，これによって生じた損害賠償をする責めに任ずる（製造物責任）。**」と定められています。ただし，欠陥の存在，欠陥と損害との間の因果関係については，被害者側に証明責任があるものとされています（＝怪我，死亡，火事などに対する損害賠償責任）。

　注意点としては，**損害が当該製造物についてのみ生じ（故障など），拡大被害が生じなかった場合はこの法律の対象とはならない**点です。この製造物自体の損害については，民法に基づく不法行為責任，契約不適合責任，債務不履行責任等の要件を満たす場合には，被害者はそれぞれの責任を製造者に追及することができるためです。つまり拡大損害が生じなければ製造物責任は発生しないということになります。

　この法律では上記「」内にある用語の定義に注意が必要です。

①「製造物」とは

　この法律では，製造物を「製造又は加工された動産」と定義しています（本法第2条第1項）。人為的な操作や処理が加えられ，引き渡された**動産**を対象と

しており，このため不動産，電気，ソフトウェア，未加工農林畜水産物などは，この法律の対象にはなりません。

②「**製造業者**」とは

製造物責任法では，メーカーなど通常の製造業者以外に，輸入業者，下請けに製造を依頼する親会社，OEM製品の供給者，PBの販売業者も製造業者としています。したがってこれらのものは損害賠償責任を負う製造業者となります。

③**欠陥品を販売した販売業者は製造物責任を負う対象となるか**

販売業者は，基本的にはこの法律の対象とされていません。ただし，販売業者であっても，輸入業者やいわゆる「表示製造業者」に当たる場合は，その観点から製造物責任を負う対象となります。

④「**設置**」や「**修理**」を行った者は対象となるか

製品の設置・修理に関する製品の不適切な取扱いによって欠陥が生じた場合については，製品を流通させた後の問題であることから，設置・修理業者は，基本的には，製造物責任を負う対象にならないと考えられます。

【**違反の想定事例**】

①ノートパソコンのバッテリー発火に起因して火災が生じた

②エアバッグが事故時に開かず，搭乗者が死亡した

③トラックのタイヤが外れ，ベビーカーを押していた親子に当たり即死した

④1歳の子がこんにゃく入りゼリーを食べた際に喉に詰まらせ窒息した

⑤石けんの使用によってアレルギー症状を発症した

⑥缶入り野菜ジュースにカビが発生していて，気分が悪くなり下痢になった

⑦製造した自転車に不備があり，利用者が転倒し骨折した

■**＜解説＞** PL法は製造業系スタートアップ企業では注意が必要です。

以上，第64項から第67項のリスクマネジメントで4つの法律を取り上げましたが，これ以外にも会社行為の基本法である「会社法」の他，「個人情報保護法」，「不正競争防止法」等重要な法律が多数あります。

【注　記】

⑴　Larry E. Greiner（1978）

⑵　井上篤夫（2015）『志高く孫正義伝　新版』実業の日本社，p.165

⑶　柳井　正（2006）『一勝九敗』新潮社，p.55

【参考文献】

井上篤夫（2015）『志高く孫正義伝　新版』実業之日本社

柳井　正（2006）『一勝九敗』新潮社

ラリー・E・グレイナー著，藤田昭雄訳（1979）「企業成長の"フシ"をどう乗り切るか」
　　『Diamond ハーバード・ビジネス』1979 年 2 月号

賢者のサクセション井筒まい泉の事業承継　https://kenja-succession.com/articles/
　　strategy/interview-okamoto-2/

中沢康彦（2015）『星野リゾートの教科書』日経 BP 社

佐藤大介　星野リゾートでの改革の経緯（https://strategy777.com/sato-daisuke/）

小嶋淳司（1995）『儲かってまっか！』日経 BP 社

日本のベンチャービジネスの課題

　今日のグローバルな IT 時代では，リアルタイムで世界のベンチャー企業と競争しなければならない状況になっています。

　このような時代においては，日本のベンチャービジネスを取り巻く環境を，グローバルな視点で改めて確認しておくことが重要となります。

　こうして見ると，日本では，画期的な発明を事業化して世界のデファクトスタンダードを作り，世界をリードしていくベンチャー企業があまり見られない実情が浮かんできます。

　そこには様々な問題や課題が見えてきますが，これからスタートアップの起業を検討されている方には，このような日本特有の問題・課題につまづかないよう，これを乗り越えて世界をリードするベンチャー企業を作ってくれることを期待したいと思います。

68 日本が得意なのは持続的イノベーション

　本章では，日本の得意なイノベーションを考えてみます。第3項の産業革命の推移で見たように，欧米では，「創造的破壊（シュンペーター）」や「破壊的イノベーション（クリステンセン）」の発明を次々と行い，世界の産業発展の発信地となり続けました。改めて18世紀の産業革命以降の主なものを挙げると次のようになります。

　「蒸気機関の発明を基に，それを応用した織機，機関車，自動車，鉄道，地下鉄，エレベーター等の発明」，「電気の発見から，電気を使った電灯，通信，電報，電話，ラジオ，モーター，家電製品では冷蔵庫，洗濯機，テレビ，掃除機，そして大きいものでは水力発電の発明」，また「エンジン動力の発明を基に，それを応用した自動車，オートバイ，飛行機などの発明」，「石油化学精製の発明を基に，合成樹脂，合成繊維の発明」，「IT分野では大型コンピュータを発明し，そして半導体の発明を基にパソコンの発明から，インターネット，各種ソフト，ホームページ，携帯アプリ，SNS等の発明」，さらに「飛行機，ロケット，人工衛星の発明」等々，今日の生活に欠かせない画期的な発明が続いてきました。

　ここに挙げた発明で共通するのは，「創造的破壊（シュンペーター）」，「破壊的イノベーション（クリステンセン）」に相当するものであり，別の言い方をすると「無から生まれた0→1の発明」，あるいは「プラットフォームレイヤーの発明」ともいえます。

　また隣国の中国を見ると，中学・高校で学ぶ世界の4大発明（紙，印刷技術，火薬，羅針盤）や，それ以外にも算術，稲作，大豆栽培，お茶栽培など現代生活に欠かせないものを発明しています。

　翻って，日本の発明を調べてみると，本書で見た「世界初のソニーによる携帯ラジオ」，「携帯型音楽プレイヤーのウォークマン」「ホンダのキュートな

スーパーカブ」以外に，次のようなものが出てきます。

　「シュレッダー，インスタントラーメン，テレビアンテナ（八木アンテナ），カーナビゲーション（製作は日本が世界初），乾電池，インスタントコーヒー，レトルト食品，カラオケ，温水便座，シャープペンシル，カラオケ，ブラウン管テレビ，胃カメラ，電気炊飯器，折る刃式のカッターナイフ，シュレッダー，自動改札機，CD-R，VHS，メールで使う絵文字，任天堂テレビゲーム機，ソニープレイステーション，旨み調味料など」。

　これらは，いずれも現代の社会生活に便利で役立つものばかりですが，残念ながら先の「創造的破壊（シュンペーター）」「破壊的イノベーション（クリステンセン）」，あるいは「無から生まれた 0 → 1 の発明」「プラットフォームレイヤーの発明」とは言い難いものばかりです。

　もっとも，前掲のソニーの 2 製品やホンダの製品など 3 つは，通説的には「破壊的イノベーション」といわれますが，その中でも「新市場型イノベーション」とされ，やはり「無から生まれた 0 → 1 の発明」「プラットフォームレイヤーの発明」ではありません。これらの「無から生まれた 0 → 1 の発明」に相当する発明は，「ラジオそのもの」，「テープレコーダーそのもの」，あるいは「バイクそのもの」などといった発明になります。以上から，残念ながら，日本は画期的な発明は不得手と言わざるを得ません。

　もっともこの段階で間違いなくいえるのは，日本が得意なのは，「0 → 1」の発明で生まれたものを，使い勝手が良く「1 → 10」まで性能を向上させていく「持続的イノベーション」です。第 7 項でみた「電気湯沸かしポット」の例でいうと，湯沸かしポットの誕生以降，「保温機能」を付け，さらに「カルキ抜き機能，湯沸かし温度・保温温度の複数段階設定機能，電動ポンプでお湯を注ぐ機能，高齢者の見守り機能」などとユーザーのニーズを丁寧に拾い，使い勝手を良く性能を進化させ，そして高品質な世界から愛される "Made in Japan" 製品を作り上げていく。これは自動車，バイク，家電製品，精密製品等いずれの分野でも見られるもので，日本の「持続的イノベーション力」は世界トップレベルであり，世界に誇れる能力といえるでしょう。

69 日本にも破壊的イノベーションの発明はあった

　前項で日本は「創造的破壊クラスの画期的な発明は不得手と言わざるを得ない」ことを指摘しましたが，実は画期的な発明をいくつか行っています。しかし残念なことに，産業化で日の目を見るもしくは大成功する所まではいきませんでした。そこには，「ベンチャー企業立ち上げ時の3つの壁（40項参照）」の2つ目の「事業化ステージ」以降に問題があったことが見えてきます。

■実は日本にも画期的な「創造的破壊クラスの発明」がありました！

　　①マイクロプロセッサ（ビジコン　嶋正利），②コンピュータOS「トロン」（東京大学理学部助手　坂村健），③光通信システム（東北大学　西澤潤一），④3Dプリンター（名古屋市工業研究所　小玉秀男），⑤NAND型フラッシュメモリー（東芝　舛岡富士雄），等々。

【事例①】PCの頭脳であるマイクロプロセッサ

　パソコンの頭脳ともいえるマイクロプロセッサ（中央演算装置＝CPU）は現在，米Intelが世界のデファクトスタンダードになっているが，実はこのCPUのアイデアを発案し初期バージョンの制作を主導したのが，日本人嶋正利（東北大　→　ビジコン）である。嶋は当時，日本のビジコン社の社員で，ビジコン社が制作しようとしていた電卓の頭脳部分として，CPUを別建てにすることを考え，共同制作パートナーをIntelに選定し，製造を委託した。嶋は発注元の社員として制作を主導し，出来上がったのがIntel最初のCPU4004であった。最初はビジコン社が独占販売権を保有していた。仮にその独占販売権を持ち続けていたなら大変なことになっていた，と考えたいところであるが，実際にはCPUの実現には，Intel社のアイデアも必要であったし，開発のための資金作りもビジコン社には不可能であったことから，独占販売権を手放さざるを得な

かったのは確かである。嶋による破壊的イノベーションクラスの発明は日の目を見れなかった（⇒「**事業化ステージ**」以降に課題）。

【事例②】コンピュータ OS 候補だった「TRON，トロン」

　現在パソコンの OS はマイクロソフトの Windows がデファクトスタンダードであるが，これになり得たものに日本人坂村健が制作した TRON があった。1987 年当時，日本全国の小中学校 3 万 5 千校に教育用パソコンを配る政策が出た。その標準 OS としてトロンかマイクロソフト製の MS-DOS の 2 択のうち，トロンを採用することが決まっていたが，さまざまな経緯から最終的には MS-DOS になり，TRON パソコンは日の目を見ることはなかった。

　ただ TRON はその後，家電製品・事務機器といった小規模な制御用 OS として，ニンテンドー・スイッチ（ゲーム機）のコントローラー，トヨタのエンジン制御システム，カーナビやデジカメなど多くの機器に組み込まれ，最近では小惑星探査機「はやぶさ・はやぶさ 2」や H2A ロケットなど多くの分野で使われてきた。そしてその発展版の μT-Kernel 2.0 が，IEEE（米電機電子学会）によって 2018 年に IoT 用の組み込み型 OS の国際標準規格となった。しかし無償譲渡されたことで産業化面では成功したとはいえなくなった（⇒「**産業化ステージ**」に課題）。

【事例③】今日の高速ネット環境の「光通信関係の基礎技術」

　東北大教授だった西澤は光通信の基盤（「半導体レーザー」「光ファイバー」「PIN ダイオード」「高輝度発光ダイオード」等）で数多くの発見をした。しかし特許庁への特許登録手続きが難航している間に，海外勢に特許取得を先行され，公式には日本発とはならなかった（⇒「**事業化ステージ**」以降に課題）。

【事例④】「3D プリンター」は，発明者の小玉が周囲から酷評されたため特許出願後，審査請求をせずに流してしまい，直後に米チャック・ハルに基本特許の取得を許した。同氏はその後，現在では世界最大の 3D プリンターの会社である「3D Systems」を創業した（⇒「**事業化ステージ**」に課題）。

【事例⑤】「NAND 型フラッシュメモリー」は，生みの親の東芝で実際に販売されたが，その後サムスンの速攻大型投資でシェア面では大きく後塵を拝している（⇒「**産業化ステージ**」に課題）。

70 日本発の破壊的イノベーション創出への諸課題

前項では，実は日本にも「創造的破壊クラスの画期的な発明」があったが，日の目を見なかった例をいくつか挙げました。そこには「事業化ステージ」以降に課題があったことを指摘しました。しかし実は他にも「日本で破壊的イノベーションを阻害する課題（問題）」として以下のような点がよく指摘されます。

①頭脳流出問題（「開発ステージ」の課題）

日本の優秀な頭脳が海外に流出する問題は頻繁に起こっています。世界初の高効率青色 LED を発見し，2014 年ノーベル物理学賞を受賞した中村修二（元日亜化学）は，アメリカに渡り国籍も変えました。また地球温暖化の研究で2021 年ノーベル物理学賞を受賞した真鍋淑郎は，若い時からより良い研究環境を求めて米国に渡り，米国国籍を取得しました。また科学部門の予算を大幅増額した中国へ日本の研究者が渡る事態なども多発しています。これらの問題の背景には，**「職務発明対価の報酬の問題」「研究開発費予算の問題（大学・公的機関・民間）」「処遇ポスト問題」** などがあるといわれています。

②大企業のクローズドイノベーション主体問題（⇒「事業化ステージ」の課題）

日本発のベンチャー企業が育たない背景として指摘される問題の１つに，大企業の **「自前主義（＝クローズドイノベーション）」** の問題があります。これは日本の大企業が自社内で開発した技術に重点を置き，外部の企業が開発した技術を積極的に取り入れない状況をいいます。優れた技術を開発し大企業への販路を求めるベンチャー企業にとって，この状況は成長を阻害する要因になります。欧米でも見られなくはないですが，日本はその傾向がとりわけ強いといわれています。欧米では LEGO（デンマーク），P&G（米），GE（米），BASF（独）など，**オープンイノベーション**で外部のベンチャー企業と積極的に連携をとる

ことで有名です。近年，日本でも状況の変化が見られますが，まだまだ「自前主義」の風潮が強く残っている企業が多く見られます。

③米国発のベンチャーとは事業提携？　（⇒「産業化ステージ」の課題）

②に関わらず，残念な点として挙げられるのが，日本のベンチャー企業とは提携しないが米国のベンチャー企業とは提携するという傾向が一部で見られることです。日本のベンチャー企業の技術に魅力が薄いのか，それとも単に「**米国発のネーミングに弱い**」のか，理由ははっきりしません。もっともこれを逆手にとって，先に米国で実績を上げてから，逆輸入で日本に戻って来て日本企業の開拓をするという強かな戦略をとる会社も見られます。

④デファクトスタンダード争いに弱い（⇒「産業化ステージ」の課題）

第 42 項で触れた世界のデファクトスタンダード（事実上の世界標準）の獲得争いに，日本は弱い傾向があります。事例は多数ありますが，代表的なものに前世代の携帯電話であるフィーチャーフォン（feature phone ＝ガラケー）があります。ドコモの i-mode は一時，技術的には世界をリードしていましたが，日本のみでの普及で終わり，海外展開して世界標準を取るまでには至りませんでした（日本だけで普及したので「ガラパゴス携帯＝ガラケー」といわれた）。

⑤日本の製品を海外に売り込む力（⇒「産業化ステージ」後の課題）

日本では当たり前なのに海外では普及していない商品として，ママチャリ，電動アシスト自転車，温水便座，自動販売機，新幹線などがあります。例えば「温水便座」は日本国内普及率 80％ に対し，米国 20％ 未満（2020 年時点），中国 5％ 未満（2019 年時点），欧米では 1％ 未満と完全に「ガラパゴス」状態です。海外に広がらないのはかつてのガラケーの状況を彷彿とさせるものがあります。理由は色々とあるようですが，来日したインバウンダーが感激する様子を見ると，海外に十分普及できる可能性はあると思われます。日本の当たり前商品を世界に広め世界標準にしていく熱量に課題があるのかもしれません。

おわりに：事例企業の経営戦略の まとめ

　「はじめに」で，経営戦略の学習の近道は，成功ベンチャー企業がとった経営戦略の学習は，実際の事例を帰納法的にたくさんストックしていくことだと述べ，本書ではその事例をいくつか取り上げてきました。これだけで十分な量とはいえませんが，企業の経営戦略とはどのようなものか，おおよそのイメージを摑んでいただけたものと思います。また経営基本理論と経営戦略の違いに疑問を持っていた人も，経営基本理論が，「企業理念図（17項）」の「上位概念の企業理念」に相当するもので，経営戦略とは同図の「下位概念の経営戦略」に該当していて，このような上位概念と下位具体策の関係になることもわかっていただけたと思います。

　十分な量の事例は掲載できませんでしたが，本書で学んだ経営戦略をベースに応用を利かせて，身の回りの企業の経営戦略を見る目を鍛えていただいたり，さらにはもっと視野を広げて社会の仕組みを理解できるよう役立てていただければ幸いです。

　また今後スタートアップの起業を検討している人がおられましたら，本著で取り上げた経営戦略を参考にぜひ試してみてください。

　なお，以下に本書の事例で取り上げた各社の戦略をまとめて記載しておきました。経営戦略レベルではこれだけたくさんのものがあることが確認いただけると思います。なお本書で使用した経営戦略のネーミングはできるだけ一般的に使われるものを使用しましたが，ないものについては筆者が名前を付けました。

■まとめ①　本書で取り上げた事例企業の「経営戦略」一覧

【第2章】

渋澤栄一　①私利を追わず公益を図る　②企業の社会的責任　③株式会社本来の合議的・開放的会社運営

岩崎彌太郎　①社長独裁経営

井深　大　①最初はニッチ戦略，②最初からグローバル志向戦略

豊田喜一郎　①事業立ち上げ時の完全自社開発戦略

鮎川義介　①事業立上時の外部技術の導入戦略

【第3章】

中央タクシー　①業界慣習を覆したビジネスモデル，②規制緩和戦略（タクシー規制緩和をいち早く導入）

キュービーネット　①業界慣習を覆したビジネスモデル，②絞り込み型ビジネス，③時短ビジネス，④価格破壊ビジネス，⑤規制緩和ビジネス，⑥消費者ニーズとの大きなズレを埋めたビジネスモデル，⑦シュンペーターの「担当者変更」型ビジネスモデル，⑧バリューイノベーション理論」，⑨徒弟制度の見直し（カットスクールの創設）

ダイソー　①価格破壊ビジネスモデル，②低価格高品質ビジネスモデル，③ワンストップショッピングビジネスモデル，④超大量発注低価格仕入れビジネスモデル，⑤新業態創出ビジネスモデル

しまむら　①価格破壊ビジネスモデル，②大量発注低価格仕入れビジネスモデル，③業界慣習を覆したビジネスモデル，④超高速商品回転戦略，⑤機会損失より低価格達成を重視した戦略

ワークマン　①価格破壊ビジネスモデル，②大量発注低価格仕入れビジネスモデル，③業界慣習を覆したビジネスモデル，④超低速商品回転仕入れ戦略，⑤消費者に「高機能かつ低価格」商品を訴求するビジネスモデル，⑥小商圏の地元ニーズに合わせた品揃え戦

略，⑦特徴のある FC 制度，⑧多角化戦略（水平型多角化）

丸亀製麺　①業界セオリーを覆した戦略，②高コスト店舗を高客回転で補う
戦略

CoCo 壱番屋　①豊富なトッピング，辛さ・ご飯の量は 10 段階刻みでデジ
タル化し，明朗会計，②特徴ある FC 制度（のれん分け独立シ
ステム）

コメダ珈琲　①昭和風アレンジ店舗でのカフェ方式店舗に対して差別化戦
略，②特徴ある FC 制度（FC ロイヤリティは座席数比例の定額制）

シャトレーゼ　①拘りの高品質高価格な素材を使って低価格で販売するビジ
ネスモデル

旭酒造　①業界慣習を覆したビジネスモデル，②職人の伝統技をデータ化し
た戦略

グンゼ　①多角化戦略（垂直型多角化），②多角化戦略（水平型多角化），③多
角化戦略（集中型多角化）

シモジマ　①ロングテール戦略

トラスコ中山　① AI を使った適正在庫量予測を加えた進化したロングテー
ル戦略

【第 4 章】

マブチモーター　①標準化戦略

ミスミ　①規格品戦略，②半製品戦略，③ 2 段階加工方式

パール金属　①速攻開発＋速攻市場投入戦略，②評価を市場に委ねる多点数
市場投入戦略

ホシザキ　①充実のアフターサービス戦略，②メンテナンス戦略（故障修理
即日対応で顧客獲得戦略）

島精機製作所　①特許獲得戦略

アンデルセン①特許開放戦略（多くの会社と一緒になって市場を作る戦略）

日清食品　①特許開放戦略（多くの会社と一緒になって市場を作る戦略）

糀屋本店　①特許申請せずに発明内容を公表する戦略（市場形成を促進する戦略）

ダイソン ①成立特許の実施権使用者を探し開発資金獲得する戦略

製造業系一般 ①「グローバルニッチトップ」戦略

日本電産 ①中小企業の大企業との取引「スピードが命」戦略

太陽工業，日プラ ①大手が来ない小さな市場を抑える戦略（特殊ニッチ市場を抑える戦略）

廣瀬製紙，カイハラ ①大手が活躍する大きな市場の中に小さな市場を作ってそこを抑える戦略

千石，テスコム電機 ①大手が活躍している大きな市場で特定の商品で戦う戦略

ツインバード ①大手が活躍している大きな市場だが大手が来る前に先回りして勝負する戦略

【第 5 章】

井筒まい泉 ①組織規模に応じた経営者のトップマネジメント戦略（創業者のワンマン経営から権限移譲された組織経営に移行）

星野リゾート ①組織規模に応じた経営者のトップマネジメント戦略（従業員の主体性を引き出す人事マネジメント戦略）

■その他，事例企業で登場した経営理念など

• 利他の精神「サービスが先，利益が後」

　　中央タクシー（宇都宮恒久）

　　ヤマト運輸（小倉昌男）

　　類似：渋澤栄一「正しい行いをしていれば利益は後から付いてくる」

■まとめ② 「経営基本理論」と「経営戦略」の関係

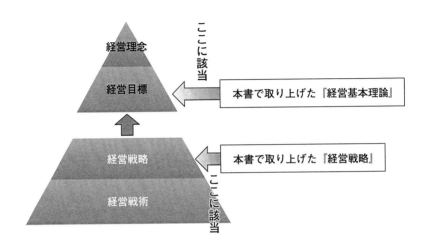

【本書で取り上げた経営基本理論】

ポーター　コストリーダーシップ戦略，差別化戦略，集中戦略

コトラー　リーダーの戦略，チャレンジャーの戦略，フォロワーの戦略，
　　　　ニッチャーの戦略

アンゾフ　市場浸透戦略，新市場開拓戦略，新製品開発戦略，多角化戦略
　　　　水平型多角化，垂直型多角化，集中型多角化，集成型多角化

4P戦略　Product（製品）戦略，Price（価格）戦略，Place（流通）戦略，
　　　　Promotion（販売促進）戦略

PLC　導入期（市場拡大戦略），成長期（市場浸透戦略），成熟期（シェア維持
　　　　戦略），衰退期（生産性確保戦略）
　　　　　　：（他）

（「バリューイノベーション戦略」）

※現場の「経営戦略」から
　「経営基本理論」に昇格した事例

（QBハウスが生み出した経営戦略）

【本書で取り上げた経営戦略】

中央タクシー　①業界慣習を覆したビジネスモデル，②規制緩和戦略（タ
　　　　クシー規制緩和をいち早く導入）

キュービーネット　①業界慣習を覆したビジネスモデル，②絞り込み型
　　　　ビジネス，③時短ビジネス，④価格破壊ビジネス，⑤規制緩和ビジ
　　　　ネス，⑥消費者ニーズとの大きなズレを埋めたビジネスモデル，⑦
　　　　シュンペーターの「担当者変更」型ビジネスモデル，⑧バリューイ
　　　　ノベーション理論，⑨徒弟制度の見直し（カットスクールの創設）

ダイソー　①価格破壊ビジネスモデル，②低価格高品質ビジネスモデル，
　　　　③ワンストップショッピングビジネスモデル，④超大量発注低価格
　　　　仕入れビジネスモデル，⑤新業態創出ビジネスモデル

しまむら　①価格破壊ビジネスモデル，②大量発注低価格仕入れビジネ
　　　　スモデル，③業界慣習を覆したビジネスモデル，④超高速商品回転
　　　　戦略，⑤機会損失より低価格達成を重視した戦略

ワークマン　①価格破壊ビジネスモデル，②大量発注低価格仕入れビジ
　　　　ネスモデル，③業界慣習を覆したビジネスモデル，④超低速商品回
　　　　転仕入れ戦略，⑤消費者に「高機能かつ低価格」商品を訴求するビ
　　　　ジネスモデル，⑥小商圏の地元ニーズに合わせた品揃え戦略
　　　　　　：（他）

索　　引

【事項索引】

マ

ヤ

ラ

【人名・企業名索引】

A−Z

ア

カ

《著者紹介》

車川　利雄（くるまがわ・としお）　担当：第2〜7章，まとめ

　　1955年生まれ。
　　1979年　大阪大学人間科学部卒業。
　　　　　　日本生命保険入社。
　　　　　　1991年以降一貫してベンチャー投資部門に在籍。
　　2003年　ニッセイキャピタル㈱取締役。
　　2016年　定年退職後，投資会社，AIベンチャー役員。
　　2018年　城西大学経営学部非常勤講師。現在に至る。
　　　　　　中小企業診断士。

小野　正人（おの・まさと）　担当：第1章，全体編集

　　1958年生まれ。
　　1982年　東京大学経済学部卒業。
　　　　　　日本生命保険，ニッセイ基礎研究所などに勤務。
　　1999年　慶應義塾大学総合政策学部特別招聘助教授。
　　2011年　城西大学経営学部教授。
　　2020年　國學院大學経済学部教授。現在に至る。
　　　　　　博士（経済学）。

　　主な著書
　　『ゼミナール　これからの企業金融・財務戦略』東洋経済新報社，1992年。
　　『ベンチャー　起業と投資の実際知識』東洋経済新報社，1997年。
　　『起業家と投資家：アメリカのアントレプレナーシップの200年』中央経済
　　社，2014年。
　　『イチから学ぶビジネス　－高校生・大学生の経営学入門』創成社，2016年
　　など。

（検印省略）

2024 年 3 月 20 日　初版発行　　　　　　　略称─スタートアップ

イチから学ぶスタートアップ
―大学生の起業入門―

著　者	車 川 利 雄
	小 野 正 人
発行者	塚 田 尚 寛

発行所　東京都文京区　株式会社　創 成 社
　　　　春日 2-13-1

電　話　03（3868）3867　　　FAX　03（5802）6802
出版部　03（3868）3857　　　FAX　03（5802）6801
http://www.books-sosei.com　振　替　00150-9-191261

定価はカバーに表示してあります。

©2024 Toshio Kurumagawa　　組版：緑　舎
　　　Masato Ono　　　　　　印刷：エーヴィスシステムズ
ISBN978-4-7944-2626-0 C3034　製本：エーヴィスシステムズ
Printed in Japan　　　　　　　落丁・乱丁本はお取り替えいたします。

イチから学ぶスタートアップ ― 大学生の起業入門 ―	車 川 利 雄 小 野 正 人	著	2,300 円
イチから学ぶ企業研究 ― 大学生の企業分析入門 ―	小 野 正 人	著	2,300 円
イチから学ぶビジネス ― 高校生・大学生の経営学入門―	小 野 正 人	著	1,700 円
働く人の専門性と専門性意識 ― 組織の専門性マネジメントの観点から―	山 本 　 寛	著	3,500 円
働く人のキャリアの停滞 ― 伸び悩みから飛躍へのステップ―	山 本 　 寛	編著	2,650 円
働く人のためのエンプロイアビリティ	山 本 　 寛	著	3,400 円
転職とキャリアの研究 ― 組織間キャリア発達の観点から―	山 本 　 寛	著	3,200 円
昇　進　の　研　究 ― キャリア・プラトー現象の観点から―	山 本 　 寛	著	3,400 円
部品共通化の新展開 ―構造と推移の自動車企業間比較分析―	宇 山 　 通	著	3,800 円
ビジネスヒストリーと市場戦略	澤 田 貴 之	著	2,600 円
ゼロからスタート　ファイナンス入門	西 垣 鳴 人	著	2,700 円
大学生のための国際経営論	岩 谷 昌 樹	著	2,800 円
ビジネスデザインと経営学	立教大学大学院 ビジネスデザイン研究科	編	3,000 円
おもてなしの経営学［実践編］ ―宮城のおかみが語るサービス経営の極意―	東北学院大学経営学部 おもてなし研究チーム みやぎ おかみ会	編著 協力	1,600 円
おもてなしの経営学［理論編］ ― 旅館経営への複合的アプローチ―	東北学院大学経営学部 おもてなし研究チーム	著	1,600 円
おもてなしの経営学［震災編］ ―東日本大震災下で輝いたおもてなしの心―	東北学院大学経営学部 おもてなし研究チーム みやぎ おかみ会	編著 協力	1,600 円
イノベーションと組織	首 藤 禎 史 伊 藤 友 章 平 安 山 英 成	訳	2,400 円

(本体価格)

━━━━━━ 創 成 社 ━━━━━━